DO NOTHING

How to Break Away from Overworking, Overdoing, and Underliving

失控的努力文化

CELESTE HEADLEE
瑟列斯特・赫莉——著 林金源——譯

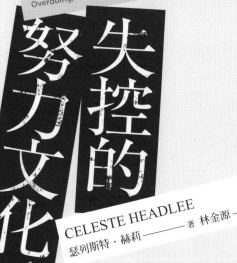

獻給德蕾莎，
她一向是我最大的鐵粉
和最好的朋友。

好評推薦

現代人崇尚「勤奮文化」，講究效率，力求突破，即便我們漸漸意識到自己疲憊不堪，並自知不斷奔跑終將會消耗自我，但我們就是停不下來，又或是不敢停下來。我們似乎都被「效率」給綁架了。難道人生只剩下離群索居，或是全心投入競爭遊戲這兩個選擇？此書作者拆解現代的效率陷阱，幫助我們釐清幸福之於我們自己，到底意味著什麼？

——趙又萱（少女A），作家

當我們婉拒某個邀約時說：「不好意思最近實在沒空啊！」而滿檔的行事曆上，除了工作，還包含了看電影、陪家人吃飯、放空獨處、和朋友旅行、陪小狗玩、替植物換盆……便可以說，我們總算擺脫工作至上的努力文化。這本書，便是試著把這麼一件很合理的事，以更為坦然的心情說明清楚。

——高耀威，書粥老闆

從事創意與公關工作的我，在短時間內的衝刺導致身心靈毀滅後，開始思索並實踐「休息是為了走更長遠的路」這句話背後真實的含意。瑟列斯特・赫莉在《失控的努力文化》書中提出一個刺入人心的問題：「為什麼我們對強調效率如此上癮？」於此同時，她也為所有深陷在效率陷阱卻沒有餘裕去思考的人，提供幾個方向，使我們快速了解自己真正需要的是什麼。現在，我換了一個下班後群組不會響起的工作，而我反而更加有效率。很矛盾嗎？那就打開這本書，從目錄看起！

——張慧慈（小花媽），《咬一口馬克思的水煎包》作者

這本書誠實，令人心碎，充滿希望。這是一種讀了後知道自己需要去聽，需要去擁抱的寶石，即使它具有挑戰性。令人難以置信的深入研究，但從不說教或乏味，如果我們允許，這本書將幫助我們所有人恢復一點我們的人性。

——娜特麗・科根（Nataly Kogan），Happier創辦人兼執行長、《*Happier Now*》作者

這既不是一本自助書，也不是為尋求不同工作習慣指南的人們提供的指南。相反地，赫莉通過歷史和科學研究系統地解構了喧囂文化的毒性，以幫助讀者質疑他們圍繞過度工作的習慣和衝動。

——Shelf Awareness 書評網站

《失控的努力文化》是我們這個讓人匆匆忙忙、身心俱疲的有毒文化的解毒良藥。瑟列斯特．赫莉透過深入的研究和引人入勝的講述方式，告訴我們如何從接連不斷的壓力中掙脫出來，過著我們真正想要的生活。

——雅莉安娜．哈芬登（Arianna Huffington），《哈芬登郵報》
（*The Huffington Post*）創辦人、Thrive Global 公司創辦人

這本書十分重要，而且真的能救人一命。儘管我們比以往更努力工作，卻變得更前所未有的沮喪、焦慮和不快樂。毫無疑問，我們的現代生活方式不管用，事實上，它正在戕害我們。赫莉以機智和同理心，提供實際可行的解決之道，告訴我們如何奪回自從科技革命之後，我們似乎就不停被摧毀的健康與人性。我何其有幸能讀到這本書，它許給我們一個更美好的生活。

——伊莉莎白．吉兒伯特（Elizabeth Gilbert），暢銷書
《享受吧！一個人的旅行》（*Eat, Pray, Love*）作者

赫莉有力地指出具有生產力不是一種內在的美德——如果你一不小心，它就會變成一種惡習。如果你曾感受過被迫要更努力工作的壓力，那麼本書是呼籲你以更聰明的方式工作的動人號召。有時你做得更少，反而能完成更多。

——亞當・格蘭特（Adam Grant），暢銷書《給予：華頓商學院最啟發人心的一堂課》（*Give and Take*）作者、華頓商學院最年輕的商學院教授

我讀過很多自助和社會心理學書籍，很少有像這本書一樣讓我重新思考如何處理我的時間的基礎。對工作歷史和生產力崇拜的細緻入微、深思熟慮的探索，以及改變我們日常運作方式的具體想法和建議。拜讀了，很好。

——Kerry McHugh，書評部落客

在這本發人深省、經過妥善研究調查的書中，瑟列斯特請讀者摒棄「我太忙了」的說詞，並發現成功的真正意義。

——蘿拉・范德康（Laura Vanderkam），《要忙，就忙得有意義》（*Off the Clock*）作者

目錄

第二部：拋開效率崇拜——如何從生活駭客到收回生活

引言

雖說些許的閒暇令人愉快，但倘若一天二十四小時只需工作四個小時，人們會不知道如何填滿他們的日子。現代世界的境況正是如此，這是我們的文明所受的罪責，然而較早之前並非如此。以往我們有能力保持輕鬆愉快和嬉戲玩耍，但這樣的能力已經在某種程度上受限於崇拜效率。現代人認為每件事情的完成都應該是為了其他事情，絕非因為本身的緣故。

——羅素（Bertrand Russell），《讚揚閒逸》（*In Praise of Idleness*），一九三二年

我們在星期天晚上回覆工作的電子郵件。我們閱讀無數篇如何驅策大腦的文章，以

便達成更多生產力。我們剪裁照片、運用濾鏡，張貼在社群媒體以贏得別人的讚賞。我們只閱讀有趣文章的前兩段，因為沒有足夠的時間讀完整篇。我們工作過度、壓力過度，持續感到不滿足，並且想追求一個越來越高的門檻。我們崇拜效率，用生產力來殘害自己。

引言開頭的這段文字寫於一九三二年，在一九二九年的股市崩盤不久之後，而股市崩盤造成美國的經濟大蕭條。羅素所說的「崇拜效率」，時間早於第二次世界大戰、是搖滾樂的興起、民權運動和二十世紀的開端。而我認為更重要的是：它的寫成早於網際網路、智慧型手機和社群媒體的發明。

換言之，科技並未造就這股風尚，只不過助長了一種既存的文化。我們世世代代狂熱地投入工作，讓自己變得悲慘。我們長期逼迫自己，以致忘記了我們的目標，並失去「輕鬆愉快和嬉戲玩耍」的能力。

造成的結果：我們感到孤獨、厭煩以及產生自殺的念頭。每年都有新的調查顯示，越來越多人比前一年更加孤獨和沮喪。是時候了，為此感到絕望我們，應該停止觀望種種趨勢朝錯誤的方向發展。

縱觀我的一生，我一直受到**驅策**。這個詞一直用來描述就讀小學之後的我。**受到驅策**不盡然是一種恭維，尤其用來描述女性時。它不太等同於**雄心勃勃**，而且與**有進取心**的意思略為不同。說實話，我認為自己相當適合**受驅策**，因為我向來視一切進展為天生的美德。

在孩提時代，我便開始在每日計畫表中列出長長的待辦清單（我在滿十二歲時擁有每日計畫表），以確保完成更多額外的任務。當我在節食減肥時，我會說明天要比今天減少一些體重，藉以激勵自己，儘管只減少了幾分之一盎斯。如果花一整個下午看電視播放的怪物電影，會讓我有罪惡感。我害怕有人看見我坐在沙發上無所事事，說我是懶蟲。

驅策我的力量幫助我取得成功，支持著我度過當單親媽媽、被解雇和生病受傷的日子。我不停驅策自己完成家中和職場上難以置信的大量工作。然而到了某些時候，驅策免不了與恐懼糾纏在一起：害怕我所有的工作和努力都是不夠的。

但我終究是幸運的。在四十歲時達成人生中想要的大多數目標，因此有時間停下來，好好喘口氣和重新檢視我的生活方式。過往的我被驅策，同時也一直感到精疲力竭、有壓力和吃不消。身為單親媽媽，以為被消耗殆盡是身兼多職且沒有足夠的錢應付一切開銷之下，自然而然的副作用。我的基本假設是一旦達成財務穩定，便會終結我的壓力。

如同許多假設，這是一個錯誤的假設。我長久夢寐以求的時刻，總算在幾年前到來。我達到了應該能讓我更舒適的穩定狀態，也付完我的學貸（終於！）。事實上，我清償了欠下的每筆債務，甚至擁有可觀的存款和真正的退休帳戶。我期盼著放鬆心情的夜晚時光，預期自己將會感到振奮，二十年來所承受的壓力得以緩解，但還是無法如釋重負。我的每日計畫表（依舊是老派的紙本），還是像還完債前那樣填滿任務，至少差不多。我做一份工作的工作量，與做四份工作時一樣大。到了傍晚，我依舊像從前那樣疲憊不堪和吃不消。

我明白是習慣而非環境造成我的壓力。儘管在辦公室的責任清單變得比較短，但我另外找到新的責任來填滿空白和召開更多會議。在家時，我以為我總算有時間自己做麵包和學習西班牙文。我沒有照著食譜去烹煮我喜愛的可靠菜色，而是在網路上搜尋一些需要花費一小時車程備齊食材的新奇異國料理。我答應任職兩個諮詢委員會，並且決定開始寫部落格。每逢週五晚上，我窩在沙發上，想起從前如何和朋友飲酒聚會，但現在的我卻沒有這種閒暇。

我嚴厲地質問自己。為什麼？我為什麼要這麼做？我們為什麼要這麼做？

過去幾年來，我一直在找尋這些問題的答案。在讀過羅素那篇有八十七年歷史的文章後，我突然靈光乍現。我想到原來我甚少為了事情的本身而做，經常是為了滿足想要不斷進步和求取生產力的欲望。太多人迷惑於效率崇拜，我們受到驅策，卻早已看不見我們的目標。我們用效率的高低而非滿足感，來評價我們的生活。

從開會、運動到烤肉，我們莫不追求最有效的做事方法，並且受到改善生活的「終極方法」的引誘。我們就像組裝頂級零件來製造汽車的技工，只專注在找尋最好的零件，卻不在意這些零件組裝起來後是否運作良好。最終的結果是產生一輛難以發動且頻頻熄火的車子。

何謂效率崇拜？是指一群堅信動個不停的好處的人們，熱中於找出最有效率的方法來完成每件事情。他們隨時處於忙碌狀態，一味地相信他們的努力能節省時間和改善生活。

可是他們錯了，效率是一種假象。當他們自以為有效率時，其實只是在浪費時間。

想像一下當你需要學會游泳，於是閱讀了游泳相關的書，購買系列DVD，並且參加相關的線上研討會。也許你還在手機上安裝了幾種記錄游泳時間，以及幫助你找尋最近的游泳池的應用軟體。除了下水之外，你盡一切所能去學習游泳。

這便是越來越常見的解決問題的方式。

我們將時間、精力和辛苦賺來的金錢，投注在以為能產生更多效率的事物上，但這些事物終究只是在浪費我們的時間、消耗精力和造成更多的壓力，無法讓我們進一步向目標邁進。我們採取非常手段，想要更有生產力，結果卻非所望。這件事有合理的解釋嗎？

不停追求進步與成長是人類與生俱來的欲望，而且在大多數情況下值得讚賞。現代人類的歷史大約只有三十萬年（相較之下，恐龍的存在約有六千六百萬年），從第一批智人（*Homo sapiens*）的泥屋開始，我們已經取得了可觀的進展。

雖然歷經極大的艱辛和難以形容的苦難，但我們卻發展出一種應付的機制，來防止陷入絕望。這個機制稱作享樂適應（hedonic treadmill），說明人類調適心情的傾向，無論發生什麼壞事，我們都能快速回復到創傷事件發生之前，享有的快樂程度。

不過這當中有圈套：它也會反向運作。換言之，如果生活中發生難以置信的快樂變變，我們並不會進一步變得更快樂，享樂適應會回復到加薪、擁有新房子或減重之前的心境。這意味著對許多人而言，他們從未感到滿足。

想像一下你終於賺到一百萬美元，接下來你將變得非常愉快，不是嗎？錯了！你的心情會調適，回到你的快樂設定點。如同《不敗的心：建構不可摧毀的自我的科學》（*The Undefeated Mind: On the Science of Constructing an Indestructible Self*）的作者亞力克斯・立克曼（Alex Lickerman）博士所言：「我們的快樂程度會因為生活中的事件瞬間改變，但當我們隨著時間習慣了這些事件及其結果後，幾乎總是會回復到基準程度。」[1]*

---

* 編註：所有參考或引述資料出處統一於書末分章節刊出。本書譯註及編註為方便讀者理解內文，採當頁註形式。

因此，我們難以抗拒利用承諾帶來更多快樂和更好生活的產品、系統或軟體，渴望獲得更多的快樂和滿足。無論有什麼成就，如何超時工作，我們依舊不滿足。如同十九世紀經濟學家亨利．喬治（Henry George）所言，人類是「唯一在飽暖之後，欲望變得更多的動物，也是唯一從來不滿足的動物」[2]。

過去約莫五百年以來，我們一直在為內在的問題尋求外在的解答。我們受到經濟和宗教力量的蒙蔽，以為活著的目的就是要辛苦地工作。每當我們感到空虛、不滿意或不滿足，便更努力工作和投入更多的時間在工作。這種傾向可以追溯到馬丁．路德的〈九十五條論綱〉（Ninety-Five Theses）、哥倫布和地理大發現時代。由於馬丁．路德的緣故，懶惰變成一種罪，而哥倫布和地理大發現時代讓已開發的世界，將目光轉向陌生的新地方，以追求新奇作為一種終極目標。

這樣的執迷在工業時代變得普遍，並在此後的兩百多年愈加嚴重。我們不再用人類的發展來替時代命名，例如文藝復興和啟蒙時代。我們現在正處於噴射時代、資訊時代、核子時代以及數位革命時代，我們用工作成果而非個人的發展來估量我們的時代。

但數位終究不是解決之道，因為人類的身體屬於類比的構造。雖然科技能替我們做許多事——延長壽命、保護我們的安全、擴展娛樂選項，但科技無法使我們變快樂。幸福的關鍵在於我們共通的人性，儘管我們彼此之間的隔閡越來越深。

我們似乎不信任自己的本能。在面對難題時，我們尋求能解決問題的適當技術、適當工具以及適當系統：防彈咖啡、折磨人的運動、原始人飲食、追蹤目標的日誌、生產力應用軟體。我們以為精心設想出來的策略和小玩意，能讓我們變得更好。而我的目的是消除這個幻覺，幫助你看清我們並沒有變得更好，反而在許多方面變得更糟。

我知道在這件事情上彷彿沒有選擇的餘地。倘若可以的話，我們會減少工作量。但真實情況不盡然如此。在美國，尤其對於休息有不好的看法。在二〇一七年，我們選擇不享用七億零五百萬個休假日，超過兩億個休假日永遠消失，因為休假無法延續至隔年，這代表美國人一年捐獻六百二十億美元給他們的雇主。[3] 過去三十年來，我們用掉的休假日數量日益減少。即使休完全部的人，有兩成在人際關係上感到更滿意，而五成六的人整體而言比其他人更快樂。[4]

至少從十九世紀開始，我們就已經學會這種行為，然後變本加厲地傳給下一代。我們將這種心態傳授給我們的孩子，灌輸他們這種習尚。在被問到時，大多數父母親會說他們只希望孩子能夠快樂。然而研究顯示，大多數父母親真正想要的是高平均分數，因為他們認為學業成功能讓孩子快樂。

讓我們先喘口氣。想一想什麼是人類的基本本質。從外表上看來，我們是直立、會說話的類人猿。依據我們的居住之地，我們會有不同的外觀、說不同的語言和看重極為不同的事物，但是否有什麼東西超越地理和文化，是真正的人類本質？有沒有我們從一出生就共享的特質，無關國籍、信仰或收入？我們的行為到底在多大程度上受生物學支配，以及受個人條件和環境的支配，這是科學家們長久激烈爭辯的題目。

儘管如此，還是有一些事情是所有人類毋需經過學習便能做得好：玩耍、思考、社交、依情緒做出反應、數數以及自我省思。或許我們視之為理所當然，因為在從事這些活動時，我們通常不必花費太大力氣。或許，因為這正是大多數人與生俱來的天賦，我們把融入群體的能力視為已知的事實。所以過去十年來，我們發現了「更好」用來耗費時間的事。

極少日常活動專注在幫助我們變得更自然地喜愛玩樂，或深思熟慮或樂於交際。社會網絡無法取代二十萬年來，我們創造出來的親密互動關係，而且我們的工作計畫表也沒有考慮到玩樂這件事。

事實上，我們是為了得到快樂和幸福而奮鬥。然而在努力追求進步，與對我們所擁有的東西心懷感激之間，我們已經失去了平衡。我們接觸不到真正豐富人生、使我們感到滿足的事物。過去十幾年間，我們花費無數金錢，想要找尋身為人類早已駕輕就熟的事物的替代品。

當下，這股有害的趨勢已然產生深遠的影響。肇始於數百年前的事，現在控制著我們的工作和家庭生活。我們正在挖掘一個越來越深的洞，如果不停手，終究會將自己埋葬。這個風險已達到最高點，我們在談的是喪失人性。

根據無數的研究，自一九九〇年代起，社交孤立的成年人數量已經倍增，而且社交孤立有致命的危險。英國於二〇一七年創設一個新的政府職位：孤獨部長（Minister of Loneliness）。美國青少年的自殺率曾逐年下降，但在二〇一〇年時卻開始急遽上升，而且仍在攀升中。[5]在一個連結程度更勝以往的世界，何以會發生這種事？在現今這個時代，就連世界上最偏遠的地區，通常都能在幾天內收到亞馬遜公司寄來的包裹。

部分的問題出在我們正在斬斷我們的基本人性表現，只因為它們「沒有效率」：無聊、長時間的電話聊天、嗜好、和鄰居一起烤肉、參加社團。我們笑著回想起過去的天真年代，那時人們有時間做許多事，例如組隊打棒球，以及播放去夏威夷度假的幻燈片給朋友看。多麼古怪啊，我們不免這麼想，祖父母竟然有時間縫紉東西和打草地保齡球，諸如此類。

可是他們的空閒時間難道不比我們少嗎？畢竟，我們有微波爐和洗碗機，還有割草機以及網際網路！我們可以訂購任何東西，讓人送到家門口。我們有掃地機器人，還有報告氣象和設定鬧鈴的人工智能助理。憑藉過去一百年的先進科技，如果將省下來的時間加總起來，豈不應該有過剩的時間，去做想做的事？

為何如此有效率，卻依舊感到吃不消？為何我們如此有生產力，卻表現得如此乏善可陳？

我認為我們已經越來越遠離那些我們擅長且發揮人性的事。這麼一來，把自己的生活弄得更艱辛和極其可悲。《哈佛商業評論》（*Harvard Business Review*）的丹．帕洛塔（Dan Paiotta）便寫道：「我大可以半天弓著背，待在電腦螢幕前，發瘋似的翻看電子郵件，卻沒完成多少要緊的事，同時告訴自己，我真窩囊；到了下午六點鐘下班時，感覺自己工作了一整天。考慮到心理的疲勞程度，情況確實如此！」[6]

許多人以這種方式自我消耗，非常努力地投入感覺有必要，實質卻沒什麼意義的事。若要解決這個問題，在很大程度上必須改正我們的錯誤觀念。**感覺**有生產力不等同於真正生產出東西。真相是過度工作減損了我們的生產力。根據經濟合作暨發展組織（ＯＥＣＤ）的資料，希臘人的工時多於任何其他歐洲人，然而在二十五個歐洲國家中，他們的生產力名列第二十四。[7]

或許我們採用的某些系統是不必要的。畢竟，人類不需要協助或介入，便能辦好許多事情。就算沒有冥想或瑜珈，我們也能舒解壓力和產生快樂的感覺。研究顯示，你只要散個步便能提振心情，根本不需要記錄你走了多少步。

我想讓大家重新思考空暇為何物，以及重新正確評價閒逸。閒逸就此意義來說不代表沒有活動，而是非關生產的活動。美國猶他大學丹尼爾・達斯汀（Daniel Dustin）說：「空暇，指的是一種不受時鐘規範的生活步調，往往與經濟效率、大量生產等概念背道而馳。不過對我來說，空暇意味著放慢腳步和儘可能利用人生。」[8]這種空暇是我希望大家都能騰出時間來享用的。那是身為人類理應享受，也是我們想要發揮最大的能力所不可或缺。

我們不必為了享受空暇而放棄進步。我想說的不是我們的步調太快了，或者改變得太快。事實上，我的意思正好相反。我認為不停地催逼，反而阻礙了進步。

當我們順應自己的習慣，便會產生最佳的工作成效。不要死命地強迫你的身心，從事繁重的工作和「挺身而進」，直到達成目標，從中脫身可能是解決之道，儘管違反直覺。更加拼命工作對我們不會有更大的幫助。

我們可以並且必須停止把自己當成能夠任意驅使、打氣、放大和處置的機器。我們可以在工作和閒逸的交替中頌揚我們的人性，而非限制和壓抑我們基本的天性。我們能更瞭解自己的本質和能力。我們可以倚靠我們與生俱來的天賦，而非工作。

I

崇拜效率

第一章
留意空白

節奏是運動中的聲音，關係到脈搏、心跳以及呼吸的方式。
節奏起起落落，帶領我們進出自我。

——愛德華・赫希（Edward Hirsch）*

讓我們先從步調開始說起。對音樂家而言，步調是一件音樂作品的速度和節奏。對我們大家來說，步調是我們的生活速度和節奏。**快步調**在現代社會通常帶有好的意涵，確實迅速將事情完成，沒有什麼不對。

在看醫生時，我希望等待的時間不超過一個小時。還有當趕著回家，卻陷在車陣中，簡直會把我逼瘋。**非自願的**減速令人惱火。再者，在做不愉快的事情時，能縮短時間的工具有誰會不喜歡。使用洗碗機免了動手洗碗的麻煩？當然好。當你人在機場時，能讓你查看旅館的應用軟體？再好不過。

但關於我們喜歡做的事情的步調又如何？**自願的**減速？找尋更快完成事情的方法時，可能也會縮短做好玩的事情的時間，例如健行或填字遊戲。更快速地前進、更快抵達目的地、加快速度和縮短完成某件事的時間，是否總是可取的？或者三不五時放慢腳步，也有附加的好處？

去年開始問這些問題時，我正在和支氣管炎進行第二回合、長達八個月的對抗。「好好休息。」我的醫生囑咐，「坐下來讀本書或看電影，但不要工作。」

我沒有遵從她的建議。當時我主持了一個從週一播放到週五的廣播節目，而且幾乎每週都有需要外出旅行的演講活動。我典型的行程表如下：早上四點三十分起床、主持廣播節目直到早上十點鐘；去機場，飛到某個城市。發表演說、上床睡覺、隔天早上起床和做主題報告、飛回家和睡覺；隔天再早上四點三十分起床，去主持廣播節目。

同時間，我還做播客訪談來推廣我的書、替不同刊物寫文章，偶爾現身英國廣播公司（BBC），評論發生在美國的新聞事件。很少見到兒子，和他見面時，我會亂發脾氣。空閒時我只想窩進沙發的角落，看情境喜劇。

我開始納悶我的步調是不是太快了，快到沒有時間對於我想做和正在做的事情，做出合理的決定，只因為它們出現在我的行事曆。我明白我陷入了自動模式。我就像出名

＊ 譯註：美國詩人和批評家。

的巧克力工廠那一集裡的露西*，只不過我得持續加速，好趕上生活事件輸送帶的速度。

「你覺不覺得，有時候我們一次想要做太多事情？」我問我的一位益友。

「我以前也會那樣，」他回答。「後來我開始留意，確保行事曆中有空白，足以容下空氣的空白，好讓我呼吸。」

我向另一位朋友提起我的憂慮，她指點我去看卡爾．歐諾黑（Carl Honore）關於慢活（Slow Movement）的TED演說。他並不是發起這個概念的人。出現於義大利的慢活，流傳到全世界的幾年之後，他的演說和書才問世。但他對於這題目的想法，確實令人信服。

慢活起初是對於速食的抗議。你可能看過羅馬西班牙廣場（Piazza di Spagna）的照片，那是西班牙階梯（Spanish Steps）底部的一個空曠區域，鋪設卵石的廣場中央有著名的老船噴泉（Fontana della Barcaccia），由皮耶特羅．貝尼尼（Pietro Bernini）於一六〇〇年初期建造。

噴泉的設計乃根據一則傳說。據說在十六世紀時，台伯河（Tiber）曾淹沒河岸，河水退去之後獨留一艘孤舟在廣場中央。為了紀念這個故事，貝尼尼製作了一艘用石灰華做成的船，看起來彷彿漂浮在清澈的水中。

詩人濟慈（John Keats）曾住在西班牙廣場的某間房子直到過世，這棟房子現在作為博物館，開放給大眾參觀。廣場側邊宏偉的一百三十五級階梯，通往山上天主聖三堂（Church of the Trinita dei Monti）。總的來說，這是羅馬的一處美麗景點，具有重要的歷史意義，理當受到義大利人的珍視。

因此當一九八〇年代，麥當勞宣布有意在西班牙廣場蓋一家餐廳時，有些人出來抗議。抗議者當中，藍眼睛的瘦子卡羅・佩屈尼（Carlo Petrini）引人注目。佩屈尼是聲名卓著的美食評論家。麥當勞開門時，他分發一碗碗的通心粉給抗議群眾，並成立一個名叫慢食（Slow Food）的團體。該組織的宣言聲明：「我們被速度奴役，全都屈服於同一個隱伏的病毒：快速的生活。」[1]

這個團體鼓勵人們享受準備和品嚐每一口食物的過程，以及在餐桌上和他人的談話。現在已有一百五十多個國家設置了慢食分會。

慢食運動遠傳並促成其他的努力，例如「從農場到餐桌」運動。然而關於步調的潛在想法已經傳到與無關美食的產業，例如時裝、教育和旅行。

其概念不在於一切都應該放慢速度，而是並非每件事情都需要快速完成。我為了

* 譯註：《我愛露西》（*I Love Lucy*）影集中的劇情，劇中負責包裝糖果的露西趕不上輸送帶的速度。

工作上的需要，每年飛行數萬英里，我可不打算延長這些出差的旅行時間，刻意選擇坐二十一小時的火車，而不搭四小時的飛機。

但如果要去紐奧良拜訪朋友，我會選擇坐火車。可以因此免除去機場、通過安檢、在登機門等候，以及搭計程車到旅館所需花費的時間。雖然行駛速度比較慢，但能在更好的心情下抵達目的地（對我來說，坐火車比搭飛機的壓力小上許多）。

相信我，我不是那種有一堆閒功夫，諄諄告誡你要到外面去聞玫瑰花的人。我認同事情越快越好的強制心態，而且大半輩子以來一直縱容這種心態。當然，我十分明白自己現在是自雇者，因此不受制於別人的時程表，但早在還是全職員工時，我便開始思索在生活中某些特定領域放慢腳步。

實驗過這個想法後，我體悟到在若干生活領域減速是可能辦得到的。如果限制每週所做的訪談數量，我就能夠從無到有做好一頓飯。只要在早上八點到下午五點之間遠離社群媒體，就能撥出一段額外的時間，帶著我的狗一起散步。但這些小小的改變對我來說並不足夠。

於是我辭去全職工作並自己開設公司，最重要的理由是想要掌控自己的時間。我忙碌到覺得工作控制我的生活和主宰我的一切決定，而且我不會因此變得更快樂。

以為變成自己的老闆，便會自動出現輕鬆的行事曆，但事實卻並非如此。當我不再每週花費四十至五十個小時待在廣播電臺，只是另外增加了四十至五十個小時（或更多）的事情和任務，來填滿行事曆的空白。我的思考邏輯大概像這樣：我不再做全職的工作，所以可以從事額外的演講活動，或者多寫幾篇文章。結果身為自由工作者，比起替別人工作時，我反而有更滿的行事曆！換句話說，老闆並不是真正的問題所在。

我寫了一本書來告訴你如何仿效我，並非因為我已經精通此道。事實上，現在我每天都還在努力應付。而且為了這本書所做的研究，起初的目的就是為了幫助自己解決問題。

當讀到慢活運動時，我便明白放慢步調可以減輕我的壓力並且培養正念。在二〇一八年七月，我做了許多相關研究，但這些資料顯然沒有效，因為幾個月後，在十月之間我做六個三十到六十分鐘不等的播客訪談，以及在亞特蘭大、芝加哥、洛杉磯、多倫多、棕櫚泉（Palm Springs）和華盛頓特區，從事六次演說活動。

先打個岔，我承認有無法視而不見的走運：我運氣非常好。身為經濟拮据的單親媽媽，在奮鬥了四十六年後，二〇一六年突然交上好運。我的TED演說爆紅，開始獲得我以往不敢妄想的演講報酬。

在二〇一六年之前，我工作繁重，一直過著充滿壓力的生活。擔心帳單，還有能不能應付假想中的財務急難。二〇一六年後，工作時數仍然高得嚇人，我感到疲累和吃不消，可是收入豐厚。不再為了付房租而煩惱，不用害怕萬一弄斷手臂或者車子故障等緊急情況，因此整體的幸福感大幅提升。

話說有錢好辦事，這點我並不否認。然而在我辛苦掙扎的日子裡，我以為有更多錢便意味著快樂和壓力的終結，結果這種事並沒有發生。

現在的出差行程多半由助理替我安排妥當，有司機到機場來回接送，並且投宿在我前半輩子根本住不起的飯店。二〇一五年時的瑟列斯特想必會看著我，說道：「你到底有什麼好抱怨的？你很幸運了，搭公車也不是因為你坐不起計程車，忍著點吧。」但二〇一八年的瑟列斯特必須在晚餐前編好四套腳本，以及完成兩個播客訪談，她不覺得自己十分幸運。事實上，她很悽慘。

情況逐漸明朗，如果僅僅只是想要的心態，生活並不會發生改變。我必須採取具體的步驟並設下新的限制，如同古希臘人所言：醫者自醫。

二〇一九年一月，我坐火車周遊相連的全美四十八個州。搭乘一班從華盛頓特區到紐奧良的火車，另一班到洛杉磯，還有一班到西雅圖。後來搭火車到芝加哥，又到波士頓，然後坐上最後一班火車返回華盛頓特區。整趟旅程費時將近兩個星期。

請記得，橫越美國的火車常常行駛於偏遠地區。那裡的手機訊號相當微弱，或甚至沒有訊號。第一次看到手機上出現被線條貫穿的大圓圈，而不是訊號格線時，我承認自己因此感到恐慌。我開始不死心地檢查手機，想看看是否還有訊號。一個小時內，我大概查看了四十次，而這還只是兩週旅程的第兩天。

幾天後，我便放鬆下來。我熬過沒有手機訊號的日子，期間沒有爆發任何事，沒有什麼緊急事件，一切都安好。沒有網路連線的兩個星期間，讓我有空間去評估是否需要不間斷地保持連線，結果證明答案是否定的。

登上火車，不擔心路程中所需花費的時間，其實是件非常簡單的事。然而在速度節節高升的時代，卻感覺像是革命性的創舉。這兩週內，有幾次演講的邀約，原本可以讓我大賺一筆，但我卻坐在火車上和人聊天，以及讀懸疑小說。最後，我認為我選擇了最有效利用時間的方式。

當搭上最後一班火車，往南朝著華盛頓特區的家前進時，我感覺自己煥然一新。其間我想我沒有看過一次手錶，因為我不在意什麼時候到達。我寫寫東西和閱讀，還跟走道另一邊的男人聊了一會兒。那種隨時可能有事情出錯，或者會發生什麼緊急事件，需要我立即處理的感覺消失無蹤，我不再處於戰或逃的心境。脫離了不停地保持連線的生活後，起初覺得不自在，可是當旅程結束時，我卻害怕再度投入那無趣的工作行列。

「慢旅行正在抗衡飛到巴塞隆納吃午飯的文化。」歐諾黑說：「提倡者喜歡搭火車或船，或者騎單車甚或步行的旅行方式，而不是擠在飛機上。他們花時間深入瞭解當地文化，而不是快速地通過一連串敲觀光客竹槓的景點。」[2]

我學到的是如果不是有意識地選擇比較慢的途徑，你可能就會預設現代生活的最高速度。這不是你說你想要慢下來就能辦得到的事，因為身旁的每個人和每件事，可能都迅速地與你擦身而過。大多數人會本能地跟上周遭環境的步調。

但我們也沒有必要走極端，用不著為了體驗更慢的步調，而每次都搭好幾天的火車。今早抵達亞特蘭大機場後，在班機起飛之前，我大約有九十分鐘的空白時間。因此，我沒有搭乘旅客接駁列車，而是直接步行到航廈。我想，**何必匆匆忙忙的，最後還不是得在登機門外枯坐上二十分鐘？**

一路上我看見數十件辛巴威藝術家的雕塑作品，還有欣賞我向來最喜歡的其中一件裝置藝術，由史提夫．瓦爾德克（Steve Waldeck）創作的《航線》（*Flight Paths*）。當你從A航廈走到B航廈時，會穿越一片模擬的熱帶雨林，聽見從遠處傳來的鳥鳴和溫暖的夏季陣雨聲。這件價值四千一百萬美元的光雕裝置保證能讓你感覺更放鬆。

當時有一位年輕媽媽和她的女兒，兩人相當緩慢地走在我前面。我的第一反應是惱火，而且幾乎就要跨到一旁，以便能夠快步越過她們。想到自己有充裕的時間，於是就放慢腳步，配合那小女孩的速度。這使我想起和兒子一起走路的回憶，那時他還在學步，我經常感受到得催促他或拎起他的壓力，以免擋到走在我們後頭的人。

我只是稍微慢下步伐，便看見那小女孩穿越雨林裝置時的驚奇表情。「媽，可以聽見鳥叫聲。」她大叫，「牠們是真的鳥嗎？」我希望決定不加速超前，可以讓這位媽媽免於感受一股必須催促她幼小女兒的壓力。

這個小改變只花了幾分鐘時間，但我也因此帶著微笑抵達登機門。上一次在機場如此感覺輕鬆愉快，是什麼時候的事呢？帶給我半小時快樂時光的，儘管只是個小小的決定，但如果多做一些這樣的決定，便能串連起一段段平靜的時光，最終我的生活天秤會遠離焦慮，倒向提振精神的一端。

當然，要做出這些決定，不見得總像心裡想的那般容易。

出身於一個造就不少傑出人物且各個成就超乎預期的家族，我並非家族裡最出色的人。顯然，即使已經不需要如此，我心中還有些什麼逼迫著自己更加努力工作。這會不會是源自於我的教養？

考慮到我的兄弟姊妹、母親和祖父母的習性，我開始盡我所能地閱讀關於我的曾外祖母卡麗．謝普森（Carrie Still Shepperson）的事蹟。她的母親是一名女奴，父親是種植園園主。她於一八八六年在亞特蘭大大學（Atlanta University）取得教師學位，並在聯合學校（Union School）教了幾年的書，這是阿肯色州小岩城（Little Rock）第一所為黑人孩童設立的學校。在第一任丈夫過世後，我的曾祖母當了將近十年的單親媽媽，然後再婚。現今的單親媽媽已經夠難為，我無法想像在一八九五年的美國南方，對一位黑人女性來說，會有多麼艱辛。

卡麗還在阿肯色州開設了第一所為非裔美國人設置的圖書館，並且靠著上演莎士比亞和其他古典作品，來籌募建立圖書館的資金。她花費許多個週末，前往阿肯色州的鄉下社區，去教導當地黑人如何閱讀和寫字。當她在一九二七年去世時，我外祖父發現她已經寫好一本書，這本書至今仍未出版。

不用多說，沒人敢稱卡麗．謝普森是一個懶惰的人。然而當讀到她的日常生活時，在我這雙二十一世紀的眼睛看來，卻是相當輕鬆愜意。她從家用手搖留聲機上聽歌劇，在蓮花俱樂部（Lotus Club）的聚會中，和朋友一起朗誦詩歌。她有許多時間塑造早熟兒子的年幼心性，而且每晚與家人共進由她的母親烹煮的晚餐，她的母親大半輩子都在喬治亞州當奴隸。

從奴隸身分的這一輩來談論工作倫理，是一件荒唐且殘忍的事，所以我只回顧到第一代自由身分的先祖。以任何標準來看，我的曾外祖母都是一位強悍且孜孜不倦的女性。她將努力工作的信條灌輸給我的外祖父，他再傳授給我的母親，而她會對我說：「在你看電視的時候，好歹做點什麼事吧。別光是杵在那裡。」讓年幼時的我覺得惱火。

我的曾祖父母是德州的農民，我確信他們在艱困的條件下辛苦幹活，堅信勞動會帶來好的結果。然而他們的生活裡，同樣不乏在餐桌旁的聊天和玩紙牌遊戲，吃炸魚塊以及做手工藝。我爺爺以前會在他的車道上做自製的冰淇淋，在翻攪時我便坐在蓋子上幫忙穩住器具。

我研究家族史，發現了兩件事：首先，我的家族相信不斷生產所具備的價值，其信念至少可以追溯到十九世紀後期。第二，我們用同等分量的閒暇和社交聚會來調和長時間的工作。因此，這種生存方式起源甚早，代代相傳之下，變得更加根深柢固且極端。

如果想追尋我對效率上癮的源頭，得從查閱歷史書開始。於是我開始閱讀關於一九五〇、一九二〇年代和二十世紀之交的工作習慣，並且進一步回溯，以找出始作俑者。最終，我開始閱讀一六〇〇年代的日常生活，還追溯到古希臘時代。我發現約莫兩百五十年前的工作習慣，與現在幾乎不同。因此，我有所領悟：現今我們所知道關於工作、效率和休閒的一切事情，其實是相對晚近的事，而且非常可能是錯誤的。

第二章
從蒸汽機開始

他們的生活步調緩慢，甚至是悠閒，因而工作的步調也隨之緩和。
我們的祖先縱使不富裕，卻擁有大量的空閒時間。

——茱麗葉・修爾（Juliet B. Schor）*，社會學家

為了報酬而工作，是一個非常古老的概念，但或許沒有你猜想的那樣久遠。九千年前，人類開始共同生活在共有的土地上，收穫農作物藉以養活一整個社群。史丹佛大學人類學家伊恩・霍德（Ian Hodder）說，這些人可能不認為他們從事的雜務是工作，而將之「連同他們生活中非常重要的部分，例如烹食、儀式和節日，認為都僅是日常活動的一部分」[1]。

沒人知道何時出現了第一個決定要賄賂別人，去代勞他們不想做的事情的人，不過我們有其中一件早期的紀錄。有史以來的第一份薪津，可以追溯到五千年前，位於現今伊拉克的某座城市，有人接受啤酒作為報酬（或許可以視他為古代美索不達米亞的荷馬・辛普森〔Homer Simpson〕**），以交換

他所付出的勞力。此後，付出工時以交換啤酒或食物，或其他形式的報酬，普及全世界。

然而，我們可能長期使用了錯誤的概念，來說明工作對於祖先的意義。中世紀農夫的平均工時，遠少於我們現在的工時，而且他們享有遠比我們還多的假日時光。為了謀生，感覺好像一直以來，每週至少都得工作四十個小時，但這其實是相當晚近的現象。我並不是說中世紀的人生活過得比我們好，那顯然不是事實。現在大多數人擁有遠勝於以往的生活品質，而且幾乎不用冒著死於瘟疫的風險。我們有更大的機率活過兒童期，大多數地方也有更好的受教育機會。的確，我們的生活好過於一六〇〇年代的一般歐洲農夫。然而，整體而言我們的工時確實較長，這是不爭的事實。

為了方便討論，我只談工作時數和非工作時數。而沒有將洗衣、煮三餐和旅行所需的時間納入，即使那也是工作。我專指的是人們為了謀生所花費的時間。工作可以富於樂趣且令人滿足，或者重複和單調沉悶，但總歸是出於需求，不得不做的事。對比現今和中世紀，結果顯示出要養活一個一六〇〇年的農夫，所需的工時遠少於現今的一般員

* 編註：波士頓學院（Boston College）社會學教授，著有《天生買家》（*Born to Buy*）、《工作過度的美國人》（*The Overworked American*）及《消費過度的美國人》（*The Overspent American*）。以工作、消費、環境及消費文化等經濟學領域為研究主題。

** 編註：為美國電視動畫《辛普森家庭》中的一名虛構角色，有酗酒的習慣。

工。

事實上，在直立智人遍及全球的這三十萬年（或增或減）中，大部分時間裡，我們沒有每週工作四十小時，而且一年的工作日數確實不超過三百天。我們的工作習慣在兩個多世紀前發生劇烈的改變，現代的工時脫離了常軌，對此有足夠的歷史紀錄可以證明。

回到四千年前的古希臘時代，我們發現雅典人一年有多達六十天的假日。到了西元前四世紀中葉，每年有將近六個月的公定節日，在這些日子裡人們不工作。古希臘人的工作以間歇性的方式進行：在種植或收穫期間密集勞動，接著是舉行慶典和宴會的休息期。

在歐洲、亞洲和北非的多數地區，這種基本的模式千百年來多半沒有改變。一七六〇年進入工業時代之前，大多數英國人延續著柏拉圖和亞里斯多德時代先祖的習慣。他們每天日出而起，日落而息，人類的生活模式與鳥類相似。

到了十九世紀，只有富人負擔得起定時點蠟燭，因此日落意味著黑暗。夏季的雅典有十四個小時的白晝，冬季則將近有十個小時。

當然，十四個小時的工作很漫長，但荷馬家裡的人不會一天工作十四個小時。英國歷史學家暨經濟學家詹姆士·羅傑斯（James E. Thorold Rogers），廣泛地寫到英國六百年歷史中勞動階級的習慣。根據他的研究，中世紀農夫每天工作不超過八個小時，有時更少，一年裡至少有三分之一的時間不工作，用來慶祝聖徒的生日或其他特殊事件。[2]

在此我想附加另一項聲明：我沒有興趣回到過去，當個中世紀的英格蘭農奴。我非常喜歡我的電動車、微波爐和電腦，謝了。但隨著時間而改變的不光是科技，還有生活方式和生活品質。直到兩百年前，我們還有大量的休假時間。在前工業化社會，工作並非一切生活的重心。

如同羅傑斯在他的書《六個世紀的工作與薪資》（*Six Centuries of Work and Wages*）中所言：「每個時代都有其缺點，但也有各自的長處……十三世紀的農夫所擁有的東西……數量雖然比不上他的十八世紀後裔，然而他具備一些可靠的現有優勢，並且對於未來的進展抱持不少希望。」[3]

對未來的進展抱持希望，憑藉的是你耕作土地，或者當工藝師或工匠賺取收入的能力。在工業時代之前，大多數人是自雇者或承包工作者，所以能安排自己的行事曆。

在《英國莊園生活》（*Life on the English Manor*）一書中，班奈特（H. S. Bennett）提到在封建制度下，大多數農奴必須對領主盡「一週工作一天」的義務，[4]相當於一天的勞動量，從早上開始工作，持續到午餐時間，在夏季時大約是六個半小時。班奈特發現工匠一天約莫工作九個小時，但他們是自己的老闆，工時有完全的彈性，且保有幾乎所有的獲利。農夫照料自己的作物，每天的工作時數略多於八個小時。

直至十九世紀前，一年工作五十二個星期，在全世界任何地方幾乎都是前所未聞。十六世紀初期，勞工擁有的休息時間多到讓達拉謨（Durham）的主教詹姆士．皮爾金頓（James Pilkington）抱怨：「工人在早上休息很長的時間。」主教寫道，「過了老半天才上工，接著他得吃早餐，儘管不在他習慣的時間，或者抱怨咕嚕……到了正午，他得睡個覺，然後在下午喝飲料，花掉一天中的大半時間，到了晚上，當時鐘發出第一聲鳴響時，他便放下工具，離開工作崗位，棄工作的需要或進度於不顧。」[5]

達拉謨主教不是唯一一個被惹惱的貴族。現存的種種例子說明，富人如何抱怨工人懶惰和休息太久。這種情況，至今依舊沒有改變。

當然這一切都出現在工廠與機械時代之前，十九世紀的文化、經濟、政治和勞動方式發生了巨大的變化。工業革命改變人類生活每一個層面的深刻程度，再怎麼強調都不為過，包括人們所吃的食物種類，以及晚上睡眠時間的長短。

一八〇〇年代前，勞動生活基本上無異於先前的許多世紀。大多數人住在鄉間，許多人擁有或租賃一小塊地，有大量的時間打理自己的家庭或耕作自己的土地。實際上，他們有時間坐在爐火旁，聽完例如《貝爾武夫》（*Beowulf*），長達三千一八十二句的詩行之類的史詩。當時，那被視為與家人同樂的有趣夜晚。

儘管英國有妥善的記錄勞動習慣的記載，不過我們也知道，其他歐洲國家對於閒暇時間的態度相當類似。社會學家修爾在她的《工作過度的美國人》（*The Overworked American*）中提及，英國人的工作量大於他們的歐洲鄰居。在法國，勞工有休息一百八十天的保障，而西班牙的勞工一年大約可以休息五個月。

不管在哪裡都是如此，而奴隸和某些受契約束縛的僕人則例外。我們不確定非洲人何時開始被迫為奴，但知道到了一六四〇年，人們可合法蓄奴。當我談到工時，我並沒有討論奴隸，因為他們沒有權力或影響力，不是用勞力來交換薪資。有幾個奴隸制度之所以野蠻的原因，其中包括認為不值得給予某些人高過牛、馬的尊重或照顧。

關於勞動習慣的歷史，我談的不是特定人口，而一般的勞動階級，他們為了薪資而受雇於別人。

因為英國和其他歐洲國家擁有詳細的勞動習慣紀錄，那便也是我一直最關注的部分。我無意暗示每個地方的人都和歐洲人一樣有相同的經歷，或者歐洲的制度更優於其他。

然而，如今生活在工業化國家中的許多人，依舊遵循著在英國和其他歐洲國家所形成的傳統和習慣。這些地區的許多雇主、工匠和政府官員細心記錄人們的工作日和休假，從而使我得知數以千萬計的人，如何隨著工業代時代的開始而改變生活方式。因此我才知道有一些並不正面的改變。

從啟蒙時期到工業時代，有許多不同的影響力引領社會的發展。到了一七〇〇年代後期，人類壽命變長，因此勞動力充足，加上農業革命為英國帶來過剩的糧食，原本受雇於農場的許多人，突然得開始找工作。再者，銀行業務、貿易和運輸方式的革新，使全年無休和跨越國界的商務更容易營運。

然而工業時代最直接的刺激，可能發生在蘇格蘭的格拉斯哥大學（University of Glasgow）。當時有位大半靠自學成才的機械製造師，名叫詹姆士・瓦特（James Watt），被要求去修理一部紐科門（Newcomen）蒸汽機。瓦特修好這部蒸汽機，卻發現它輸出的動力仍然非常小。

瓦特便開始使用這部機器以及利用蒸汽進行實驗，最後他發明了一款蒸汽機，使用的燃料比紐科門蒸汽機少七五%，但輸出的動力高出許多。十多年後，一七七六年，當約翰・亞當斯（John Adams）和湯瑪斯・傑弗遜（Thomas Jefferson）在費城簽署《獨立宣言》時，第一部瓦特蒸汽機已經在英國進行商用販售和安裝。

起初，瓦特蒸汽機主要使用於煤礦坑的抽水，但不久之後，人們便發現瓦特蒸汽機可以安裝在任何東西上。織布機變成以蒸汽提供動力，磨坊和鑄造廠也是。城市不再需要河流和水車來產生動力，也不需要成千上萬的馬匹（要記得「馬力」一詞曾經按字面意義做解釋）。工廠接連興建，汽船出現在泰晤士河，工業時代於焉展開。隨著工廠開始生產商品，受雇的本質發生變化。十九世紀前，大多數人住在鄉村地區。到了一八五〇年，住在城市的英國人，有史以來多過住在鄉間的人。七十年之後，美國也通過這個里程碑。約莫在同一時間，巴斯特・基頓（Buster Keaton）成為電影明星，人們流行跳查理斯頓舞（Charleston）。

在工業時代之前，大多數人是為了完成特定的任務而工作：收穫作物、建造糧倉和縫製棉被等等。一天之中，農夫可能完成多種任務，例如照料牲畜、澆灌農作物、捕捉害蟲、修理圍籬和其他任何職責。當這些農夫變成工廠的工人，便失去了工作的多樣性。最終一整天站在相同的位置，連續十到十四個小時，重複執行不需動腦筋的單調任務。

另一項改變是所有權的無處不在。歷史學家提到，至少在中世紀的英國，大多數人都擁有一些土地。農奴擁有最低限度的十二英畝，並耕種自己的農作物。過去的兩百五十年間，公有土地逐漸變成私人所擁有，現在公有地上不再有牛群放牧。種種逼使住在鄉村的人離開家鄉，搬進都市地區擁擠的房間內。

大多數城市並未準備好容納這些大量移入的居民。當人們擠進城市，歷史學家湯普森（E. P. Thompson）* 描述道，他們的房舍變得「一團髒亂和悲慘」。除此之外，在倫

* 編註：英國歷史學家、作家、社會主義者和和平活動家。因描述十八世紀末和十九世紀初英國激進運動

敦租賃一個破爛房間的工人，力量遠不及在鄉間擁有至少一小片土地的農奴。勞動階級因為遷徙到城市，而被榨乾了權力和財富。

當人們開始在工廠裡勞動，面對的是無止盡的工作。你不是在製作一個馬車車輪，來替換損壞的車輪，你得大量生產數十個車輪。你可以不停地製作襯衫或馬蹄鐵、水桶或墨水，直到用光材料或者再也舉不起手臂為止，而你的空缺會被別人取代。

突然間商業利潤更加倚靠銷售量，而非利潤。「現在的公司需要勞工將時間貢獻於工廠裡的勞動，並且用時鐘時間來協調大家的作息，以保持工業之輪的轉動。」商業心理家湯尼・克雷布（Tony Crabbe）指出，「時間變得如此寶貴，以致有許多不擇手段的老闆會在白天調整時鐘，從不疑有他的勞工身上榨取更多工時。」[6]

還有一點需要考量，截至一八〇〇年代後期，大多數的歐洲經濟體包含了數量可觀的工匠階級：銲鍋匠、蹄鐵匠、皮革匠，以及其他擁有自己的工具，且精通自己所選領域的人。如果你想要建一座大教堂，你會雇工人來砌牆，雇工匠來雕刻欄杆、滴水嘴和粉刷祭壇。如同歷史學家尼爾森・利希滕施泰因（Nelson Lichtenstein）* 所指出，保羅・里維爾（Paul Revere）** 是一位有造詣的銀匠。我們熟悉的里維爾肖像，目前收藏在波士頓美術館（Boston Museum of Fine Arts），是早在他著名的夜騎示警事蹟的七年前就已繪製。畫中的他穿著襯衣，指甲裡藏污納垢。可見當時的工匠受到敬重，而且多半獨立自主。7

隨著工業時代的到來，工匠被拖進工廠。吹玻璃匠無法與玻璃工廠競爭，只好賣掉他的工具，在工廠裡任職，那裡的器具和機械是雇主的，而非工人所擁有。當工人離職時，他不能夠帶著工具再去找新工作。他完全仰賴新雇主提供的工具和資源，這又是一次重大的權力轉移。

由於這種改變，世界上失去了許多專門的藝術家、木工、雕刻家和金屬匠。（以下是一個有趣的活動：去看看英國議會的照片，它興建於一八三九至一八四二年間。想像一下，今天得花多少錢來完成這整座建物，你便會明白當我們失去工匠階級，有什麼東西隨之被遺棄。）在工廠裡，工人通常不會對他們的工作產生相同的自豪感，因為他們每天都製造出大量的物品。

還有，社會的階級流動也停滯了。在十九世紀之前，你有可能學習一門新手藝，因

的歷史著作《英國工人階級的形成》（*The Making of the English Working Class*）而聞名。

* 編註：加州大學聖塔巴巴拉分校歷史學教授，也是工作、勞動和民主研究中心的主任。他是勞動歷史學家，還撰寫了有關二十世紀美國政治經濟學的著作，其中包括汽車業和沃爾瑪（Wal-Mart）。

** 編註：美國麻塞諸塞州波士頓銀匠、實業家，也是美國獨立戰爭時期的一名愛國者。是一位傑出的軍人，他協助組建一個對英軍的情報與警報系統。他最著名的事蹟是發生在一七七五年列剋星敦和康科德戰役前夜警告民軍方面，英軍即將來襲。以下「夜騎示警事蹟」便是指這件事。

而躋身中產階級。但工廠不需要手藝人——工廠需要身體和雙手，而且只有少量的管理職缺。在十九世紀，獲得晉升的機會渺茫，想要脫離勞動階級，變成幾乎不可能的事。

這些全是重大的變動，但此時發生另一個真正重要的變化：時間開始等同於金錢。受雇者與每小時有相對穩定產量的機器一起工作，因此機器運轉的時間越長，工廠的產量越大，而工廠老闆能賺更多的錢。更多工時意味著更多的金錢。

從前的受雇者通常按任務而非按小時計酬，許多世紀以來都是如此。我曾試著設想在當時，當一輩子都在種莊稼或編花邊的工人，收到第一週的薪水時將做何感想，但我發現自己難以想像報酬與投入的時間無關的時代。這種轉變不僅是近來的事，而且來得相當迅速。它可能開始於英國，但很快遍及其他國家，甚至各大洲。連字彙都反映出這種轉變，舉例來說，在一六〇〇年代，punctuality的意思是「精確」。大約在一七七七年時，人們開始用這個英語單字來代表「準時」。幾個世紀以來，efficiency意指「完成某事的力量」，語源是拉丁語動詞*efficere*，意思是「完成」。但到了一七八〇年代，我們見到它被用作「富有成效的工作」的同義字。而在一八五八年，有某篇文章首度用efficiency指稱「工作成效與所花費的精力的比率」。[8] 所謂**妥善使用的時間**開始意指「賺錢的時間」。

這種轉變不單單發生在滿地灰塵的工廠，甚至還擴展到對於自然世界的概念。我們的行程表曾一度受到日出和日落的支配，但**白晝**的定義逐漸演變，將我們的注意力從天空轉移到地面，部分原因是有越來越多人能用人造光源劃開黑暗。

一八三四年，約瑟夫．摩根（Joseph Morgan）發展出以商業方式生產蠟燭的方法。使用蠟燭提供家中照明，成為一般人負擔得起的事。發明石蠟後，蠟燭變得更乾淨、可靠和便宜，在一八五〇年代更廣泛地被使用。一八七九年，愛迪生製作出第一顆可供商業製造和販售的電燈泡。

夜班工作變得可行，日落不再使時間停止。白天一度意味著日光下「醒著的時間」，然而當日光失去它的重要性之後，白天意味著「工作的時間」。勞工可以在日出前展開他們的「一天」，或者在入夜許久之後才結束一天。

事實上，當時我們尚未準備好迎接蒸汽機所引發的突然改變。當工廠首度開始取代農場時，還沒有法律來規範勞動習慣，也沒有保護勞工的法規。這是太新的東西，沒有政治人物預想到創造監督機制，或懲處虐待勞工的需求。再者，政府的領導者在看見工廠興起和利潤率上升時被沖昏了頭，沒什麼人想要去豎立可能阻礙進步的障礙。當然，我們在談的是二十世紀之前、咆哮的二〇年代（Roaring Twenties）和《大亨小傳》（*The Great Gatsby*）中描繪的漫無節制之前的年代。對企業家而言，經濟和政府毫不約束的氣氛，正好可以趁機進行無節制的利益剝削。

因為環境限制放寬，十九世紀發生了人類史上虐待有薪酬勞工最嚴重的一些案例。

狄更斯（Charles Dickens）是我小時候最喜愛的作家之一（長大後還是），我在四年級或五年級時讀了一本狄更斯傳記，駭然得知他早年曾經歷過的事。

狄更斯無法忘記十歲時他在鞋油工廠幹活的日子，正好也是我讀到他童年生活的年紀。他每週賺六先令，幫助家人還債。那家工廠是一棟「古怪、破爛的老屋」，狄更斯告訴他的朋友約翰．佛斯特（John Forster）：「裡面老鼠橫行……我的工作是替一罐罐鞋油封蓋，先蓋上一張油紙，再蓋上一張藍紙，然後繞上繩子，再將紙邊修剪整齊，直到看起來像一罐從藥劑師店裡買來的藥膏那樣好看。等到有若干籮*的罐子達到這種完美狀態，我就在每個罐子上貼一張印刷標籤，接著繼續處理更多罐子。」[9]

這個小男孩用小小的手指摺色紙、纏繞繩子和修邊，相同的動作做上成千上萬次，一再地重覆，連續許多小時。光憑狄更斯提起這個經驗的次數，我們便可清楚知道，這個經驗對他造成多麼重大的影響。

經濟學家李察．布克史塔伯（Richard Bookstaber）寫道：「工業革命最終讓世界更加繁榮，但一度也曾讓許多人變得更貧窮。從家庭體系轉變到工廠體系，以及從比較古老的農業轉變到新農業的過渡期，對於無法融入新經濟的人們來說，是幾乎無從緩解的不幸，無論因為他們缺乏資本，或者缺乏身體和心理上的適應力。」[10]

布克斯塔伯所稱的過渡期持續了幾十年。「無從緩解的不幸」時代，至少跨越一個世代。要記得狄更斯的一個孫子死於一九六二年，這段歷史離我們相當的近。在工業時代初期，童工整天或整夜工作，當其中一個爬上床睡覺，另一個便開始上工。對我來說這是可怕的體會：最後終止童工制度的不是道德憤慨，而是童工的極高死亡率，領導者擔心「種族保存」問題。

有一些書，用全部的篇幅來描述工業革命初期勞工的悲慘境況，而我在此提到這些虐待，用意是為了說明機械化之後，工作環境的劇烈改變。並非所有改變都是虐待人的改變，但有許多確實是。而這段歷史與我們二十一世紀的生活有何關聯？一直到得知工時之戰和接受「合理的」工作日定義之後，我才看出其中的關聯。十九世紀之前，人們平均每天工作六至八個小時，每年享有幾十天的休假日。事實上，即便位於社會最底層的人，在工作時也有同樣多的休息時間。突然之間，人們被期待必須長時間地工作而不得休息。

因此，當勞工工會開始形成，並強烈要求縮短工作時數時，工人們並非為了獲得新的保護制度而奮鬥，而是如羅傑斯所言，為了「恢復幾個世紀以前，祖先的四或五個小時的工時」[11]。換言之，人們想要回復到遷移至都市地區，以及出現大規模生產線之前

＊譯註：一籮等於十二打，一四四的另一種表示方式。

的那種工作習慣。請記得：這場工時之戰，打從一開始，就是為了回到我們數千年以來的生活方式。

一八七〇年，約翰．樂波（John Lubbock）當選進入英國國會。這位當時的第一任埃夫伯里男爵（Baron of Avebury）是銀行家和科學家（他創造了舊石器時代〔paleolithic〕和新石器時代〔neolithic〕這兩個用語，來描述兩個石器時代），但他也是追求社會公義的勇猛戰士，並且替他認為工作得最辛苦的人們奮戰。當選國會議員後，埃夫伯里男爵馬上開始推動制定保護工人的法律。一年後，他從《銀行假日法案》（Bank Holidays Act）撥出四天的年假作為假期。這是大約百年以來，工人首次不是以宗教名義或公民為理由，而只是為了享受空閒時間而獲得休假。那時這些假日通常被稱作聖樂波日（St. Lubbock's Days），以紀念為他們奮戰的人。

當時在歐洲和美國各地，工人為了爭取有限的工時和更好的工作條件而努力。要求八小時工作日的運動，由紡織品製造商羅伯特．歐恩（Robert Owen）帶頭，他想要為他自己的工廠員工創造更好的工作環境。歐恩創造出我們現在耳熟能詳的格言：「八小時的勞動，八小時的消遣和八小時的休息。」

但當時大多數的雇主不樂於仿傚歐恩的做法，而且對於讓員工只上班八個小時並不滿意。一八四七年通過一條法律，迫使他們只能讓英國的婦女和兒童每天工作十個小時。法國也通過類似的立法，工作時數限制為每天十二個小時。

這項奮鬥繼續蔓延，跨越過大西洋。一八七七年，美國勞工黨（Workingman's Party of the United States）創立，還有鐵、鋼和錫工聯合協會（Amalgamated Association of Iron, Steel, and Tin Workers），以及火車司機兄弟會（Brotherhood of Locomotive Engineers，儘管女性勞動力占相當大的比例，但早期大多數勞工工會的成員清一色為男性）也在相同時間成立。一八八二年九月，無數人參與了在紐約的第一次勞動節遊行。他們遊行的目的是什麼？答案是爭取有限的工時。

上層階級對於這些努力的反應，主要是抱持訕笑的態度，有時覺得是危險的挑釁。罷工活動被警方和軍隊的武力鎮壓。這些衝突聽起來彷彿是古代史，但它們發生在我們曾祖父的年代，並且為今天的勞雇關係奠定下基礎。我們最熟知的衝突之一發生於一八八六年的芝加哥，支持勞工權利的某次集會，原本打算以和平的方式進行。當時，有些人一週工作六十個小時，每天只賺到一點五美元。勞工階級眼睜睜看著工廠老闆們吃香喝辣，享受奢華的豪宅和生活方式，令他們耐心盡失。提倡每天工作八小時的勞動騎士（Knights of Labor）*，短短兩年內會員人數從七萬人激增到七十多萬。

*編註：活躍於十九世紀末，特別是一八八〇年代的美國勞工聯合會。

數百名會員在芝加哥的乾草市場廣場（Haymarket Square）聚會，如同勞工運動人士奧古斯特．史派斯（August Spies）所言，「說明八小時工時運動的整體情勢」。不過在一開始，便有人朝進逼的警方投擲了一顆土製炸彈，爆炸殺死一名警察並引發混亂。當煙霧散去時，已有七名警察和幾位平民喪命，數十人負傷。這起事件是個悲劇，但每當工人們爭取改革時，類似這樣的暴力屢見不鮮。

儘管如此，從十九世紀進入二十世紀時，勞工保護制度開始獲得政治上的支持。烏拉圭是在一九一五年第一個確立八小時工作日的國家，僅僅一年後，該國總統制定了失業補助政策。

一九一九年八月，史蒂芬．包爾（Stephen Bauer）博士在《勞工評論月刊》（*Monthly Labor Review*）中，以如下內容作為他的文章開場白：「在一九一八年的最後幾個月，每天工作八小時已成為民眾的口號。然而雇主們駁斥說，那只不過是從外國引進的概念。因此，關於決定工時長短的理由、縮短工時的影響，以及規定工時最有效的方法等問題，再度被提出來。」[12]

想想看，我們的祖先多麼辛苦奮鬥，為自己和後代子孫爭取較少的工時。可是在不到一百年後的今天，我們卻幾乎拱手割讓這塊陣地。選擇長時間工作和回覆工作簡訊，以為這是保住工作或做好工作的唯一辦法。但情況並非一直是如此，習慣是可以改變的，因為我們開始遵循這些習慣的時間，並沒有那麼久。

我們如何從絕食抗議和對警察拳腳相向，變成自願在星期天晚上回覆電子郵件，以及選擇留在辦公室把事情做完？在《失業的未來》（*The Jobless Future*）一書中，史丹利．阿羅諾維茨（Stanley Aronowitz）和威廉．迪法齊歐（William DiFazio）悲嘆這種趨勢，寫道：「數量多到令擔憂的勞動者，不管是勞心或勞力者，幾乎是在完全清醒的狀態下投降，甚至渴望勞動……空暇時間的概念以廣闊的間距，遠離了大多數人的日常生活經驗。」[13]

然而一百多年以來，我們一直知道長時間辛苦工作不必然會增加生產力。我們擁有回溯到一八〇〇年代的相關數據，當時的工會迫使雇主縮短工時，工廠老闆驚訝地發現，工廠不但生產力提升而且意外事故減少。在血汗工廠的時代，過度工作產生了反作用，研究顯示在當今的知識工作者時代，情況依然如此。

當然，這不只關乎工時而已。老闆可預期地設法盡量從員工身上榨取時間；而員工為了升遷或加薪，往往也自願投入額外的時間，這些都是可以理解的事。但之所以演變成現在的下場，是因為贏得工時之戰之後發生的事。當雇主在政治攻防中敗北後，他們轉戰一個新的戰場：文化。

第三章
工作倫理

所謂的閒逸並非無所事事，
而是以不被統治階級的教條化規定所認可的方式，
完成大量的事情，說它等同於勤勉本身，也非常站得住腳。

——羅伯特・史蒂文生（Robert Louis Stevenson）*，
〈替閒逸者辯護〉（An Apology for Idlers），一八七七年

工業時代的前幾個世紀，有許多經濟和技術概念正在醞釀，包括哲學也是，而這當中最重要的是新教的工作倫理。當馬丁・路德將他的〈九十五條論綱〉釘到德國威登堡（Wittenberg）的教堂大門時，改變的不僅是宗教史。馬丁・路德的想法最終改變了已開發世界幾乎每一個人的生活。

長久以來，天主教會教導信眾必須把工作做好，才能上天堂。別忘了怠惰（不願意工作）是七宗罪之一。天主教神父引用〈雅各書〉：「你將你沒有行為的信心指給我看，我便藉著我的行為（加以強調），將我的信心指給你看。」馬丁・路德鄙視讓人們藉由捐獻購買救贖的做法，因此他強調努力工作與節儉。

雖然馬丁・路德認為光憑信念便能得到

救贖，但他也教導人們，努力工作是上帝的贈禮，我們可以透過他人努力的工作和有效率的勞動，來辨識出他們是虔信的好人。馬丁・路德相信我們應該在死後才享受閒逸。

如果沒有馬克斯・韋伯（Max Weber），這一切可能就只會停留於教堂牆內和虔信者家中。一九〇四年，正當勞工工會逐漸壯大，而要求八小時工作日的訴求取得進展時，這位德國社會學家出版了一本名叫《新教倫理與資本主義精神》（*The Protestant Ethic and the Spirit of Capitalism*）的書。韋伯對於馬丁・路德的信仰的描述不盡然完全正確，但他的經濟論點極具影響力。

韋伯認為新教工作倫理是資本主義成長與北歐成功的主因。在書中，他引述富蘭克林（Benjamin Franklin）如今相當出名的建議：「要記得**時間就是金錢**。一個每天能憑勞力賺十先令的人，如果用半天的時間外出或無所事事，雖然他在消遣或發懶時只花了六便士，但我們不應該以為他只花了六便士，因為他實際上還花掉或扔掉了五先令。」[1]換個更簡單的說法：如果你無所事事，你不只是懶惰而已——你同時也在浪費金錢。

韋伯指出，在工業時代之前，獲得較高薪資的農場工人，工作時數較少。他們會工作到足夠所需的時間，然後從容度過額外的時間。然而新教工作倫理視閒逸為不道德，

* 譯註：十九世紀英國作家，新浪漫主義代表人物。著有小說《金銀島》、《化身博士》。

而努力工作為美德，有些雇主能藉此說服虔誠的員工不求多少薪酬地長時間工作。根據馬丁・路德的說法，即使門房和鉛管工，都是在做上帝的工作，在主的眼中，沒有任何工作是無價值的。

韋伯的書大受歡迎，並對經濟政策產生極大的影響。事實上，國際社會學學會（International Sociological Association）將之列為二十世紀該領域第四重要的書。

連同富蘭克林和志趣相投者，努力工作的人，在美國開始被奉為偶像。這種觀念在十九世紀期間越來越強烈。一八五九年，弗雷德里克・道格拉斯（Frederick Douglass）*首度發表他日後將重複多次、關於「白手起家者」的演說。「一切美好、偉大或值得擁有的東西，」他說，「莫不來自於某種勞動。」

像這樣一個人僅憑咬牙苦幹（老實說，在當時幾乎總是指男人），從而成就大業的憧憬，變成美國夢不可或缺的部分，而某種版本的美國夢也在許多方面影響了歐洲。「我的白手起家者理論，簡單來說就是：他們是工作至上的人，」道格拉斯說，「這樣的人無論是否擁有資質、品行或聰明才智，他們之所以成功，最好的解釋，即使不是唯一的解釋，便是正大光明地努力工作和堅持不懈。」[2]

道格拉斯認為成就大業者之所以成功，主要是因為血、汗和眼淚。反觀之，不成功者顯然是因為工作不夠努力。

再一次，我們看見反映出理念演變的語言。舉例來說，bootstrapping最早於一八〇〇年代初期開始被使用，意思是「僅靠著拉起你的拔靴帶，想讓自己翻越籬笆」，換句話說，是不可能成功的荒謬事。在一八四三年的《麥迪遜市快報》（*Madison City Express*）中，有一篇嘲弄某官員的文章寫道：「閣下他確實想藉由拔靴帶抬起自己，或者更棒的是，『坐在手推車裡載運自己』。」[3]

接下來的幾十年，其諷刺的意涵消失，這個單字變成代表只憑藉個人的努力，從赤貧變巨富的意思。bootstrapping變成一種恭維用語，反映美國和歐洲許多地方的社會觀點，說明人們欽佩像愛迪生和亨利・福特（Henry Ford）這樣，靠自己的努力而成功的人，而非閒逸的富人。

請你搜尋一下霍瑞修・艾爾杰（Horatio Alger）。艾爾杰的父親是個一位論教派（Unitarian）牧師，艾爾杰大半輩子為錢所困，年輕時曾在哈佛大學謀得職位，但卑微的出身使他打不進哈佛的菁英團體。日後在他終於賴以成名的小說中，這些經歷可能是他的部分靈感來源。

《衣衫襤褸的迪克》（*Ragged Dick*）風靡一時，是艾爾杰在商業上獲得成功的第一本

* 譯註：美國社會改革者、演說家、作家，廢奴運動的代表人物之一。

書，故事描述一個十四歲擦鞋童，因誠實、節儉和勇敢而翻身發跡的故事。基本上艾爾杰在餘生中所寫的都是相同的故事，只不過更換了人物和其他表面細節。現在如果有人提到「艾爾杰的故事」，指的就是勇敢年輕的主角，透過本身的良好性格和努力工作而獲致成功，從赤貧變巨富的故事。

艾爾杰的小說曾經十分受歡迎，而且如此契合一八六七至一九二六年間的美國文化，因此他的故事變成被仿傚的對象。設法靠自己的努力來提升地位，不再是件可笑的事，而是可靠的人生規劃。即便到了今天，儘管美國人的收入差距，高過幾乎其他任何國家，但許多美國人仍相信能透過誠實的勞動而變富有，而這樣的想法促使他們願意工作過度，就算沒有獲得勞動的利益。

心理學家麥可・克勞斯（Michael W. Kraus）和潔欣思・譚（Jacinth J. X. Tan）研究美國人對於社會流動的看法，在二〇一五年發表一篇報告。他們總結道：「相信美國夢這件事，已經滲入我們的教養決定、教育方式和政治議程，然而根據我們在這份報告中呈現的資料，美國人被要求描述社會階級流動的實際趨勢時，他們的描述多半不準確。」[4]

不準確是溫和的用語。事實上，在美國成為百萬富翁的機率少於一%，而變成億萬富翁的機率，大概等同於被閃電擊中的機率。即便在評估比較不劇烈的收入變化時，人們也不太準確。克勞斯和譚報告說，四項研究的參與者，都過度高估了可以從低收入變成高收入的可能性。

普林斯頓大學（Princeton University）所做的個別研究透露，如果你越相信自己的收入能節節上升，你越可能會替現狀辯護。[5]如果你認為你的人生可能是一個艾爾杰的故事，你更可能支持既有的經濟和政治政策，而非想要推動改革。**別在意我大多數的朋友和鄰居，他們現在的收入跟十年前一樣，我會是個例外**，許多人這麼想。以前接受面試時，我會告訴未來的老闆，雖然我的經驗不如其他應徵者豐富，但是我可以「比任何人都更努力工作」。

執迷於效率和生產力，雖說是全世界普遍的現象，但在美國尤為明顯。將近七〇%的美國人相信，他們能實現美國夢，要獲得經濟上的成功，最重要的因素是努力工作和個人的幹勁。[6]

《大西洋》（*Atlantic*）雜誌資深編輯約翰．史旺斯伯格（John Swansburg），描寫關於他父親追尋美國夢和白手起家的男人（或女人）的神話，最後問了一個重要的問題：「鼓勵我們瞄準遠大目標的神話，是一個健全的神話嗎？或者更像一個集體的錯覺，使我們無法正視貧窮的美國人傾向於繼續貧窮的事實，無論他們多麼努力工作？」[7]我傾向於認為這是妄想多過於健全的神話，尤其因為我自小就堅信，某處終究會有某人欣賞我的努力而獎賞我，但最終我還是得靠自己來肯定我的努力和獎賞自己。

相信努力工作是美德和終身的人生理念，起始於德國某間教堂的門上。歷經數百年之後，這種長時間努力工作讓你得到獎賞，而休息使你變懶惰的宗教觀念，被採納成為一種經濟政策，以及被用來激勵和充分利用員工的方法。

最後，這個故事是關於企業家想要雇用更少的員工，要求更多工時，加上認為工作是好事，而閒逸是壞事的宗教信仰，以及資本家追求不停成長的信念。當時間變成金錢，如果想要達到獲利目標，從員工身上榨取更多時間，成為迫切的需求。

值得注意的是，幫助創造相信長工時和生產力的看法的韋伯，在他那本受歡迎的書中的結尾表達了一些疑慮。在斷言「當苦行主義從修道院的小房間，被帶進日常生活中……它完成建構現代經濟秩序的巨大宇宙的任務」[8]之後，他寫到機械逐步控制大多數人的生活，並且納悶機械是否會接著決定他們的生活，「直到最後一噸的煤被燒完」，而原本應該改善人類生活的工業，最終變成一座「鐵牢籠」。[9]韋伯擔心我們會耗盡資源和因禁我們自己的憂慮，現在已經得到證實。即使看見以往的政策所導致的災難性後果，但我們依舊被囑咐要不停地工作，就像我們的父母和祖父母那樣。

在二十世紀初期，作家常常嚴厲責備人們的閒逸。約翰・坎迪・迪恩（John Candee Dean）在一九二〇年替《印第安納波里之星日報》（*Indianapolis Star*）寫了一篇文章，文中說道：「在你每天工作了六個、八個、十個或甚至十二個小時後，別以為你剩下的時間可以在娛樂中浪費掉……別浪費你的時間看電影、上劇院或者上街。如果你善用所有的空閒時間，你不僅能變得經濟獨立，還能成為飽學之士。」

當時工作與身分合為而一。別再當本業是銀行家和小說家，空閒時研究考古學的業餘愛好者——在工業時代吃香的是亨利．福特之流的工程師、發明家和創業家。福特因其工作倫理而聞名世界，他的自傳讀起來更像布道說教，而不像關於工業的專著。「工作健全我們的心智，」福特寫道，「帶給我們自尊，是我們的救贖之道。透過工作，且唯有透過工作，我們才能獲得健康、財富和快樂。」[10]

這種觀念在全世界所造成的改變，絕對不可低估。當時間就是金錢，閒逸度日等於浪費金錢。這便是我們一切現代壓力背後的哲學根基：時間過於寶貴，不容浪費。我們不是在度過時間，我們是在花費時間。難怪我們再也無法真正地消遣時間。

當工作成為讓人具有價值和值得獎賞的事物，沒有儘可能做更多工作的人，便被視為不值得獎賞和沒有價值。在福特的時代，對許多人來說，不去上班工作，比起待在家裡不上教堂更可恥。當時工作開始取代宗教。事實上，專家們預言到了二〇三五年，在美國沒有宗教信仰的人，數量將多過新教徒。宗教信仰會式微，但它創造出來的工作倫理將繼續存在。[11]

幾乎就在八小時工作日成為公認的標準時，勞工為了升遷和贏得同事與管理者的讚賞，開始自願增加工時。「我們的社會依據生產力、績效和最大的潛力，來衡量一個人的價值；」喀爾文學院（Calvin College）的哲學教授麗貝卡．迪揚（Rebecca Konyndyk DeYoung）寫道，「因此，我們最好把自己弄得很忙，否則我們就成了廢物」。[12]

然而到了二十世紀初期，一般勞工顯然沒有完全被納入這條故事線。我的曾祖父母依舊「浪費時間」蒔花藝草、參加社團，以及在國家公園裡享受美麗風景，只是沒有拍照片上傳 Instagram 分享。大多數人還要再經過五、六十年後，才會相信公司的說詞。儘管如此，當世界開戰時，這種對於生產力、努力工作和效率的潛在信念，正在表面下沸騰。那時為了支援戰爭，有效率的生產不再只是一個目標，而是必要的事。

第一次世界大戰結束於一九一八年，此後經濟學家開始重新思考勞動與生產力問題。若要說有什麼區別，那便是人們對於美國夢愈加嚮往。即使發生經濟大蕭條，也沒有動搖二十世紀最具影響力的經濟學家凱因斯（John Maynard Keynes）的樂觀看法。他那篇寫於一九三〇年的著名文章〈我們後代的經濟前景〉（Economic Possibilities for Our Grandchildren），預言經濟大蕭條是金融雷達螢幕上的一個光點，只是暫時的，很快會被遺忘。

凱因斯預言到了二〇三〇年，人們只需每週工作十五個小時，便足以個個衣食無虞。「自從人類出現以來，」凱因斯寫道，「將首度面對他真正永恆的問題，也就是如何運用從壓迫人的經濟憂慮中解放出來的自由、如何填滿因科學和複利而贏來的空閒時間。」[13]

凱因斯的預言雖然失準，但這位傑出的經濟學家的數學計算並無問題。他看到科技的快速進展，加上生產力的增加和複利，因此預見已開發世界終將可能在更少的工時內，產生等量的財富。凱因斯對未來願景的預言本該是正確的。那麼他為什麼出錯？

如同喬治城大學（Georgetown University）經濟學家卡爾・懷德貴斯特（Karl Widerquist）所說：「這個預言與其說是錯誤，不如說是一個謎：凱因斯如此正確預言的一加一，為什麼不等於二？……對於一九三〇年的人們來說，經濟持續成長，卻無法使我們免於為生存而掙扎，似乎是不合邏輯的事。」[14] 在凱因斯做出預言將近九十年之後，我也認為這件事不合邏輯。

為何我們用勞力生產出如此多的財富，但大多數人卻感覺只是勉強搆得上我們的生活水準，更別提為孩子創造比我們更好的環境？為什麼我得比我的外婆做更多工作，儘管我擁有洗碗機、微波爐和筆記型電腦？

答案可在第二次世界大戰結束和一九八〇年的幾十年間發現。凱因斯的最後一項預言是對的，經濟大蕭條只不過是工業革命的發動機暫時熄火。在一九四〇年代，當工廠生產線開始推出一批批戰機，無數的婦女投入工作，取代被徵召服役的男人，就好像給資本主義跳動不順的心臟施以電擊。

在全球實施補給和軍事行動的過程，讓歐洲和美國明白，製造業只需要遠少於以往的員工數量，便能有驚人的生產力。儘管國民受到配給制度的限制，但並不會因為男人從軍而失去極大比例的男性勞動力，而拖垮經濟或降低生產力。

工時之戰似乎在那時落幕。一天分成數個八小時區段（八小時工作、八小時睡覺、八小時休閒），似乎在第二次世界大戰之後底定。如同修爾在《工作過度的美國人》中所言：「到了一九五〇年代後期，工時過長的問題已經得到解決——至少專家們是這麼認為。每週工作四天被認為是『即將可能發生的事』。」[15]

你瞧，凱因斯不是唯一一個認為工時很快就會大幅縮短的人。演化生物學家赫胥黎（Julian Huxley）相信，「當人類進展到能在兩天內生產一切所需的物品」，我們就會週休五日。到了那時候，依赫胥黎說：「我們必須減少生產商品，並將注意力轉向如何處理我們新增的空暇。」[16]

一九六五年，某參議院小組委員會預言，到了二〇〇〇年，美國人將每週工作十四小時，而且每年享有大約兩個月的假期。結果現今一般美國人有十天的有薪假，而將近四分之一的美國人根本沒有有薪假。有兩件事情遺憾地阻止了工時的縮減：消費者保護運動的崛起和收入差距的急遽擴大。

首先，許多人將額外的工作收入用於購買更多物品，而不是減少工作量。由於經濟得依賴成長，官員們告訴民眾，購買更多東西是愛國行為。行銷成為一門創造購買欲望的重要產業，向人們推銷不必要但有吸引力的商品。聖誕節的成功與否，似乎取決於消費者花費在購買禮物的金額。

薪資級距是如今許多人用職銜來定義自我的另一個理由。為了讓所有員工都能從獲利增加中得到好處，大家應該要獲得合理比例的利潤。然而從一九六〇年代到現在，工資卻一直停滯不前，或者成長緩慢（在因應通貨膨脹調整時），可是企業執行長的薪水卻不停飆升。凱因斯認為應該用於資助大家過著更悠閒生活的獲利，大多進到占極小比例的人口袋裡。

儘管對每個人而言，商品的成本下降，但銷售這些商品的獲利已歸給一小部分的人。「生產力帶來的利益沒有平均分配。」[17] 歷史學家暨工作、勞工與民主研究中心（Center for the Study of Work, Labor, and Democracy）主任利希滕施泰因說。許多徹底革新零售方式的公司，早在幾十年前便成立。舉例來說，沃爾瑪（Walmart）於一九六二年開張營業。「沃爾瑪了不起的地方，」利希滕施泰因說，「其中之一在於零售生產力的急遽增加，但是好處並沒有與員工分享。收入不平等是權力不平等所造成，而這個差距是權力級差的結果。」美國所擁有的私人財富多於世界上其他任何一個國家，舉例來說，但根據經濟合作暨發展組織的研究，美國是全世界貧富差距第四高的國家。

這是許多人覺得他們如此長時間工作，而財富卻沒有增加的部分原因：他們努力工作的利益，讓別人的帳戶數字增加。根據《經濟政策學會》（Economic Policy Institute）的資料，在一九七八到二〇一六年間，非管理職員工的薪資增加少於十二%。另一方面，如果將股票選擇權包含在內，執行長的薪水暴增超過八〇〇%。

以往的英國公爵和德國男爵的奢華享受令人咋舌，但如今領取頂級薪資的人，所過的生活比《唐頓莊園》（*Downton Abbey*）影集裡的克勞利（Crawley）家族更豪奢。唯一的差別是，現在的執行長與其員工的收入差距，更大於虛構的格蘭瑟姆伯爵（Earl of Grantham）和他的僕從。

就這樣，在工業時代展開後，勞工比起在十九世紀初期付出更多工時，更不可能擁有自己的生產工具，而且在成品中貢獻的占比降低。還有，喀爾文教派中認為工作是美德，而閒逸是罪惡的信念，已經轉變成資本主義的一項信條，並據此獎賞工作最努力和工時最長的員工。

在美國，第二次世界大戰世代（所謂的「最偉大的一代」〔Greatest Generation〕）相信任何人都能成功。政治分析家賈瑞德．葉茲．沙克斯頓（Jared Yates Sexton）說：「最偉大的一代認為，如果他們無法成功，至少能證明他們努力過。因此成功變得幾乎比努力的過程還不重要。」[18] 意思是盡你所能地努力工作，是身為國民的責任。

那時工作場所開始像家一樣，備有廚房、餐廳和社交區域，因此更沒有理由離開辦公室。所有這些小小的改變慢慢地累積，截至一九七〇年代，美國人投入工作的時數與大多數歐洲人相同，而少於法國人，但現在的情況不再是如此。

人們變得習慣於工作場所的慣性——保持忙碌、與同事競爭、不停想辦法提升效率，並且開始將這些習慣帶回家。尤其在美國、英國和澳大利亞，人們開始注意他們花費多少時間在看似沒有價值的活動上，覺得沒有時間浪費在棋盤遊戲和蒐集錢幣。

獲頒諾貝爾獎的經濟學家蓋瑞・貝克（Gary S. Becker）在一九六五年寫道：「若要說有什麼差別的話，那便是現在的人比起一個世紀前的人，更加謹慎地運用時間。一旦人們獲得更多報酬，他們的工作時數就變得越長，因為工作比空暇更有利可圖。」[19]目前一般美國人每年的工時比英國人多出一百四十個小時，比法國人多出三百個小時。我們是用閒暇時間在交換金錢，但由於薪資的成長不多，所以不是一個划算的交易。

因為時間過於寶貴，不該花費在烤肉或看棒球比賽，讓人對於下班時間所做的事感到焦慮。空閒時間令人覺得有壓力，人們打從心底擔憂他們沒賺到的錢。

這種有效運用每一分鐘的傾向，經過幾個世紀的強化，到了一九七〇年代告終。然而在工作時間和空閒時間之間，向來維持著某種平衡，一個不穩固但真實的區隔，存在於辦公室習慣和居家習慣之間。

這個平衡即將被打破。

第四章
時間變成金錢

諷刺的是，他們給你一支手錶，不是嗎？

——賈瑞德・葉茲・沙克斯頓（Jared Yates Sexton）

我以前會精心製作故事錄影帶送給朋友，為此我寫了關於我們生活的半傳記故事，然後插入小段音樂來講解故事。某一年聖誕節，我寫了一首聖誕老人想要辭職不幹的詩，因為他覺得這世界太自私自利。我花了幾個星期完成計畫，但最終我的朋友都收到一張節日賀卡，和配上音效、影片片段和大量音樂的說故事影帶。

以前我也經常寫詩和戲劇，以及製作精美的剪貼簿和上舞蹈課，並且自己動手做繡花手巾，除了應付全職的工作，我還上聲音訓練課，在職業級製作的歌劇和音樂劇場中演出。如今回顧往事，我不禁納悶，當年我到底哪來的這些時間。那時我身無分文，得東籌西湊付帳單。

老實說，我感覺到當錢賺得越多，擁有

的時間卻越少。而事實證明，不只我一個人有這個問題。過去二、三十年來，習慣不斷工作的人（收入較低者）現在有較多的空閒時間，而收入等級較高的人則有行程過滿的行事曆。

如果時間的匱乏是所有職場無法避免的事，那麼當我永久離開辦公室環境時，難題應該已經消失才對。倘若這是關乎公司期待的問題，那麼當我在二〇一八年辭職時，問題也應該結束。然而我並沒有因此擁有空暇，反而發現身為老闆的我，比當員工時更忙碌。這樣如何說得通？

最終，一切都要回歸到時間：我們與時間的關係、對時間的理解以及賦予時間的價值。在工業時代之前，時間以天或季節計量。然而，當員工開始打卡上下班，我們對於時間的理解改變了，而享受休假的方式也隨之改變。

試想一下這個由加州大學洛杉磯分校的桑福德·迪沃（Sanford DeVoe）和多倫多大學的朱利安·豪斯（Julian House）分別進行的一項實驗。[1] 迪沃和豪斯將他們的實驗參與者分成兩組。兩組都讓他們聆聽出自里奧·德利伯（Leo Delibes）的歌劇曲目，華麗動聽的《花之二重唱》（Flower Duet）的頭八十六秒。如果你從未聽過，請你找來這首歌曲，閉上雙眼好好聆聽。這是一件精美的音樂作品，交織著女高音和女中音和諧的聲線，中途飆升到高音B，久久不落，讓我起雞皮疙瘩。

部分歌詞唱道：「在茉莉和玫瑰花合掩成的穹頂下，傍著開滿花朵、清新明亮的堤岸。來吧，我們也一起來，順著水流滑行，輕鬆划著船，無憂無慮一路穿越閃亮的波光。」德利伯創造出令人陶醉的旋律，完美地反映這首詩。

研究的參與者必須填寫簡短的問卷。在開始聆聽音樂之前，有一組參與者被要求評估自己的時薪。被迫思考他們的時間有多少價值的這一組，比較不耐煩地等待音樂結束。請記得，聆聽這段美妙音樂的時間不超過一分半鐘。但如同迪沃說的：「他們想要完成這項實驗，做更有利可圖的事。」

研究的參與者感覺到的是時間的稀缺。當某件東西的價值升高，便顯得更稀有和更寶貴。因此你可能感覺到時間短少，即使情況並非如此。這一切只因為你的認知已經改變。這種壓倒一切，認為時間稀有且寶貴的感覺，出現於當收入取決於工時的多寡時。二〇一四年十二月的《經濟學人》（*The Economist*）週刊寫道：「自從時鐘在十八世紀首度用於同步勞力，時間已經被以關乎金錢的方式來理解。一旦按照衡量金錢的方式將時間量化，人們便會更擔心浪費時間，而想要節省時間，或者以可獲得利益的方式運用時間。當經濟成長和收入增加時，每個人的時間變得更寶貴。而東西越寶貴時，就顯得越稀有。」[2]說白話文：你賺越多錢，越容易相信沒有時間可以浪費。這有助於解釋為何當我的收入增加時，我卻感覺更吃不消。

真相如下：我們大多數人的工作時數並不比十至二十年前多。事實上，我們的平均工時正在縮短。想不到嗎？我來解釋一下。儘管工作量減少，卻仍然感覺吃不消，這種趨勢大約開始於二十年前。如同蓋洛普（Gallup）民意調查在二〇一一年的報告中所指示：「賺越多錢的美國人，越覺得時間不夠用。」[3] 實際狀況是，論純粹的工作時數，美國並不是名列第一。在每週平均工時多寡的排行中，美國名列第十四。墨西哥、哥斯大黎加、南韓和希臘，大約都是四十小時或更多。美國人約莫每週工作三十五個小時。[4]（請記得，這是所有勞動者的平均數，包括兼職的人。）

儘管工作時數減少，但不是只有美國人感覺壓力變大。歐洲有若干機構正在研究，因「龐大工作量」和「漫長工時」等造成與工作相關的壓力。[5] 將近四分之一的歐洲勞動者說，他們承受與工作有關的壓力，而五分之一的英國人告訴研究人員，他們感覺到生活失控。儘管抱怨工時過長，瑞士、義大利、比利時和法國的全職勞動者，每週的工時比起十九世紀時，**減少**二十至三十小時。

如果你檢視所有這些以**自我報告**為基礎的調查報告，詢問人們如何運用他們的時間，你會感覺到每個人幾乎都不停地在工作。生產力專家蘿拉・范德坎（Laura Vanderkam）聽到許多女性說，她們平均每週工作六十個小時。但當請她們寫工作日誌時，發覺其實她們大約每週工作四十四個小時。[6]

德州大學的丹尼爾・海默梅希（Daniel Hamermesh）稱這種現象為「愛發牢騷的雅痞」（"yuppie kvetch"，*kvetch*是意第緒語，意思是「愛發牢騷的人」），[7]但我認為這個用語的貶抑暗示是不公平的，原因是：根據家庭與工作學會（Families and Work Institute）的研究，超過一半的美國受雇者經常**感覺**自己工作過度或吃不消。這個非營利研究中心的會長艾倫・加林斯基（Ellen Galinsky）告訴美國廣播公司新聞（ABC News）：「許多美國受雇者瀕臨崩潰」。[8]我實在不認為這些人全都只是妄想自己有壓力，以便有事可以抱怨。我相信他們是真的感覺到了，因為**我也有這種感覺**。

將近四分之一的人告訴研究人員，他們只有休假一天或者每天都工作。薪資發放服務公司Paychex表示，大多數勞工每週有三天或更多天感覺到壓力。[9]國家職業安全與衛生研究院（National Institute for Occupational Safety and Health）的研究顯示，大約四〇%的勞工感覺自己「工作過度、有壓力，以及被壓榨到感到焦慮、沮喪和生病的程度」。[10]

無論人們實際的工作量有多少，他們感受到的壓力是非常真實的，應該被認真看待。壓力有害個人健康，對於企業來說也是代價高昂。我在不到五個月的時間裡生了兩次重病，最後總共臥床十四天。在恢復健康的期間，有更多天是在工作，感覺很糟。此後我開始重新思考自己的習慣。

美國壓力研究院（The American Institute of Stress）表示，超過一半的就診病例是與壓力有關的疾病。根據某些估算，因壓力和焦慮造成的曠工和保健成本，每年光是美國企業就損失三千億美元。如果你注意到至少有二五％的歐洲人有相同症狀，便會可以瞭解這個全球性問題的規模有多大。

以下情景有另一個數學上的微妙之處：雖然我們的工作時數比以前少，但並不清楚切確的差距是多大。資料似乎指出許多人過度高估了他們的工作時數，但事實上想要精準量測人們的工時是相當困難的事。我們無法真正確知人們在這個歷史時間點的工作量多寡，因為工作與家庭生活如此緊密交織在一起。

現在我們會把工作帶回家，在晚上九點鐘回覆電子郵件，也會在外出吃飯接電話。正因如此，我再也沒有時間製作故事影片和上跳舞課。但反過來說，我們也會在上班時做許多和工作無關的事，例如訂購機票和新鞋子、預訂晚餐和發訊息給親屬。如果你每天花幾個小時在線上購物，統計學家應不應該將這段時間從你的總工時中扣除，再加上你在餐桌上寫簡訊給同事的時間？

隆德大學（Lund University）的羅蘭．保爾森（Roland Paulsen）所做的研究顯示，員工大約花費一半的工作日「上網摸魚打混」，[11]或者從事與其主要職責無關的非工作活動。超過一半的線上購物是在早上九點到下午五點之間完成交易，還有在色情網站上，將近三分之二的流量出現在工作日。按常理沒什麼工作會涉及觀看色情影片，所以可以放心將它歸類在「與工作無關的活動」。

當然了，如今家與辦公室之間的界線已經變模糊，你可以說許多人從來沒有真正的下班。可以輕易地發現，世界上大多數人正在經歷設在坎培拉的智庫，澳大利亞研究院（Australia Institute）所稱的「被污染的時間」。這是下班時間處理工作職務所造成的現象，例如待命，或者甚至必須在嚴格來說非工作的時間，仔細思考工作問題或解決問題。

「被污染的時間，」該機構副主任喬許·費爾（Josh Fear）寫道，「是過去幾十年來，勞動市場變得愈加『有彈性』的諸多結果之一。這種彈性所帶來的利益太常流向雇主。」[12]在本例中，「彈性」意味著你不會因為在上班時回配偶的電話而遭解雇（在大多數情況下），但你也被預期要在星期天早上十點鐘，立即回覆老闆的電子郵件。我相信這種事不令人意外，下班時間最常見的差事就是閱讀和回覆電子郵件。

問你自己一個問題，我也問過自己相同的問題：你對於工作生活和個人生活之間的平衡是否感到滿意？你是否經常花時間做與工作無關的事，也毋需想工作或覺得必須查看信箱？不想到工作是關鍵，因為每當按下那個信封圖示，你便「污染了你的時間」。

隨著工作入侵我們的家庭生活，而家庭生活侵犯到工時，許多人覺得無法完全脫離他們的工作。現在彷彿處在二十四小時待命的狀態，這對於我們的身心來說都是極為辛苦的事，也說明了為何人們感覺他們的工時變長了。他們可能覺得自己從沒有真正打卡下班。當你問到他們工作多少個小時，他們報告的可能只是待在辦公室的時間。

我認為關於工時的統計數字，無法呈現現代人工作量的全貌。人們經歷工作過度和壓力的感覺是真實的，而這些壓力對於健康和幸福可能造成災難性的影響。

因為工作習慣而罹患與壓力相關疾病的人，即使在尋求治療時，都不願縮短工作時間或在下班後停止繼續工作。我的醫生吩咐我要休息，我也想全心全意地照辦，但最終卻絲毫改變不了我的習慣。許多人以為，為了保住工作，我們必須隨時待命，而且公司政策和主管的訊息也可能強化了這個假定。

然而認為長工時對企業有利的想法，至少在半個世紀前就已經落伍了。或許鮑伯・柯萊奇（Bob Cratchit）* 需要每天工作十四個小時，才能登載完史古基（Scrooge）的所有金融交易紀錄，但運用現今的科技，他可能只需幾個小時就做完全部的事，然後回家陪小孩玩。（還有，小提姆〔Tiny Tim〕的病也是可治癒的，只需定期飲用現代的維生素D強化牛奶。）[13]

電腦和通信工具的進步，意味著我們可以花更少的時間做許多事，但我們卻仍然長

* 譯註：狄更斯小說《小氣財神》（*A Christmas Carol*）中的人物，以下皆為小說中其他人物。

時間辛苦工作，彷彿數位革命不曾發生過。在二十一世紀的職場，公司管理階層依舊抱著十九世紀的心態。

這種情況部分可由「帕金森定理」（Parkinson's Law）加以解釋：「工作量會一直增加，直到填滿所有可使用的時間。」這並非一項科學定理，而是歷史學家西里爾・諾斯古德・帕金森（Cyril Northcote Parkinson）所提出來的格言。

這表示當我們被規定一天工作八小時，但只有五小時的工作量時，為了填滿可使用的時間，我們會延長任務，就像用一立方英尺的氮氣膨脹填滿一整棟房子。於是我們開會討論瑣碎的事情，發送電子郵件、製定議程和增添複雜度，直到我們用一周整整四十小時，來完成二十五小時的工作量。

喜歡快速完成事情，理論上是對的，但實際上員工往往不喜歡這樣。要記得「時間就是金錢」的原則。想依據主觀的標準來評價員工，例如品質、創新和有創意的問題解決方案，是極其困難的事。但記錄員工在工作所花費的時間，還有是否準時完成任務，則簡單且容易。工作量鮮少能被估算，但工時可以。

當時間變成可接受的通貨，那麼依據人們工作多少個小時來給予報酬和獎賞，也變成常有的事。如果老闆派給你一項計畫，你最好高估它的難度和所需要的時間。如果老闆看見你連續工作好幾個星期來完成這項計畫，比起你用兩天就快速完成，他可能印象更深刻。（我不是在鼓吹利用你的工作習慣進行詐騙，只是要指出現行的制度多麼不合理。）

無論實際的工作量需要花費多少時間完成，你都必須做滿八小時，導致人們在應該上班的時間裡在線上購物、預約醫生看診和處理個人事務。如果得到許多工作場所都打烊後，才能下班回家，除了上班時間處理之外，你還能如何做這些事？當大家都只專注於工作時，大多數人的家裡並沒配偶幫忙處理私人事務。這個制度要求我們將家庭生活帶進辦公室，反之亦然。

大多數情況下，讓工作滲入家中，是在第二次世界大戰到二〇一〇年的幾十年間，由公司管理者和雇主刻意慫恿而導致的。所以讓我們回顧一下一九八〇年的歷史。

快速提醒你那年發生的事：九月的入侵行動揭開兩伊戰爭的序幕；隆納德・雷根（Ronald Reagan）於十一月當選美國總統；約翰・藍儂（John Lennon）於十二月遭射殺；在英國，與雷根地位相當的瑪格麗特・柴契爾（Margaret Thatcher）在前一年春天成為英國首相。在雷根／柴契爾時代，透過積極強化一百多年前逐步形成的對待勞工態度，儘管比不上工業革命期間的規模，但再次翻轉了勞工的世界。美國開始遵循以所謂的下滲經濟學（trickle-down economics）為基礎的政策：認為社會中最高收入者的收入和財富的成長，也會幫助到窮人和中產階級，因為錢會從頂端「向下滲流」。

這也是一個真正堅定相信成長的時代。國家經濟的體質以國內生產總值（GDP）做為衡量標準，而股票價值往往大幅取決於獲利成長的預測，而非穩定性或韌性。公司光是符合期待還不夠，投資者想要公司超越預期的成長。

然而，可能無法長期維持以持續成長為基礎的經濟，因此許多經濟學家開始質疑建立在相信無止境增加的經濟政策。在許多觀察金融市場的人眼中，這個問題實際上變成了爭論點。新聞記者暨作家克里斯多夫・凱查姆（Christopher Ketcham）稱這個持續成長的夢想為「工業文明的一致信仰」[14]。

雖說收入沒有理由不持續成長，因此，人們願意支付購買產品的金額，也沒有理由不增加，可是用來製造這些產品的資源是有限的。我當然沒打算在這些篇幅中解決這個問題，因為經濟學不是一門精準的科學，所以可能沒有切確的答案。就像那個老笑話說的，如果你把十個經濟學家放進同一個房間，最後會產生十一種看法。我只是對這種辯論感興趣，因為它影響我們的工作生涯。

羅馬俱樂部（Club of Rome）祕書長暨《都是經濟學家惹的禍》（*The End of Progress*）作者葛雷米・麥斯頓（Graeme Maxton）告訴我：「抱持這種『常識』看法，相信需要經濟成長來創造就業和降低不平等，還有經濟成長是一切事物的關鍵因素。」[15]麥斯頓說這個原因造成現今許多地方的收入差距，比起兩百年前更大。每當利潤下滑時，恐懼導致經營者採取激烈手段，例如裁員和要求剩下的員工上更長工時的班。而且全球性的事件一再引發這種恐懼。

許多工業化國家在一九八〇年代經歷難以置信的金融動盪。試想一下：從第二世界大戰開始，至今總共發生過四次全球經濟衰退。其中三次發生在一九七五至一九九一年間。縱觀歷史，經濟衰退往往導致勞雇關係的重大改變。

當經濟衰退來襲且獲利減少時，許多公司會立即裁員。保住工作的員工經常被要求擔負起被解雇員工留下來的任務和責任，而這些倖存者不太可能抱怨工作量的增加，因為害怕自己也會被解雇。近年來，每週的工時確實沒有增加那麼多，然而如果以年為基準來檢視，便會發現花在工作上的時間大幅增加。

一九九〇年代，美國人增加了接近一整週的工時。發生多次經濟衰退後，休息日消失，度假的日子也減少。

人們正在無止境地犧牲個人生活，為這一切下了悲哀的注解。更長的工時不盡然意味著更多的收入。根據美國人口普查局（U.S. Census Bureau）的資料，倘若平均收入的增加與整體經濟保持相同的上升速率，那麼現在大多數美國家庭會有大約九萬二千美元的收入，而不是五萬美元。

然而堅信只要更努力工作，便都能躋身最富有者的行列，或者可以證明自己配得上這份工作以保住工作，這樣的想法一直都存在。這也正是為什麼在一九七〇年之前，工作時數開始攀升。在那個時期，大多數人的休閒時間減少約三分之一。社會學家修爾注意到人們花更多的時間工作，花更少時間在睡眠和飲食，還有速食的消耗量增加。「父母親將較少的注意力放在孩子身上，」修爾在《工作過度的美國人》中寫道，「壓力之所以升高，部分是因為調和工作與家庭生活需求的『平衡做法』。」[16]

當然，這一切主要適用於全職工作者。由於反覆發生的經濟衰退和大量裁員，過去四十年見證了越來越多人加入失業者、未充分就業者和自雇者的行列。如同勞動歷史家利希滕施泰因向我解釋的那樣，大多數的自雇並非自願的選擇。

人們會成為自雇者，通常是因為無法在公司或機構中找到合適的職位，或者集多種自由業來謀生。我是選擇自雇的例外，之所以選擇替自己工作，是因為我能夠這麼做，還有當我替別人工作時，我的生活快速運轉到失控的程度。身為自己的老闆，我至少可以命令自己休息一下。

如果花更多時間工作，代表完成更多工作的話，或許有些人會以為增加工時，便能提升等量的生產力。有時候，情況確實如此。從全球的角度來看，自一九九〇年代至二〇〇〇年代初期，大多數國家的生產力都提升了。

試想一下：當生產力提升，公司可以選擇生產更多產品或縮短工時，不意外地大多數公司會選擇前者。在科技進展如此迅速的現在，我們大多數人只需工作半年的時間，便能擁有祖父母時代的相同生活水準。「我們的確可以選擇一天工作四小時。」修爾寫道：「或者一年工作六個月。又或者，**現在每個美國人都可以工作一年、休假一年——有薪酬的休假**（強調部分為修爾所標示）。」[17]

請稍等一會兒，想像一下如果你每兩年工作一年，生活會是什麼樣貌。你要用你的時間來做什麼事？如果你可以連續三百六十五天，不用去上班或回覆電子郵件，不必擔心失去你的職位或升遷的機會，你要如何過你的日子？

可惜，我們通常無力選擇如何運用生產力增加所帶來的利潤。對於公司要如何花用由我們的勞力所賺來的利潤成長，大多數人都沒有置喙的餘地。這通常由執行長或董事會做決定，增加的利潤往往變成股東的紅利，或者高級主管們的獎金。

我們其餘的人就繼續留在工作崗位，待滿足足四十個小時，因為這是公司付錢要我們做的事，而且我們常常會待得更久，即使賺不到加班費。因為是不清楚如何提升生產力，或者如何好好利用這段時間的經理這麼要求我們。

在一九八〇和九〇年代期間，我們的社會早已全然地崇尚努力工作。這時發生了一場革命，真正鞏固了白手起家者的強勢神話：科技億萬富翁的崛起。

微軟成立於一九七五年，而蘋果在一年後成立。亞馬遜創設於一九九四年，Yahoo!

在一九九五年，Google在一九九八年。這些公司現在已發展成龐大的企業，但一開始多半是由幾個努力開發某種新軟體的小伙子所成立。他們在默默無聞的情況下辛勤工作，直到他們的產品變成暢銷商品。

當時微軟的收益，每年僅一千六百美元，比爾・蓋茲說他每天清晨四點起床，工作十六個小時，有時還在辦公室過夜。賈伯斯告訴《時代》（*Time*）雜誌，他到了早上九點才進蘋果辦公室，但那是在家裡工作了一兩個小時後的事。

看在大眾的眼裡，最成功的人士似乎全都從早從到晚，在電腦前埋頭苦幹，有時工作得更久。企業家馬克・庫班（Mark Cuban）說，從開始創業後，他有七年時間沒有休假。貝佐斯（Jeff Bezos）和他的亞馬遜同事說，在一九九〇年代中期，他們每週七天、每天上班十二個小時。而梅麗莎・梅爾（Marissa Mayer）表示，當她在Google公司時，每週工作一百三十個小時。這個名單可以一直列下去。

描述搖滾明星般的現代執行長時，最常見的形容之一是「工作狂」，這個用語通常有一種恭維或表示尊敬的意思。「如果你發現自己又一次想要按貪睡鍵，」麥克斯・尼森（Max Nisen）在《商業內幕》（Business Insider）網站上寫道，「來（向這些主管）取經吧。」[18]在加州矽谷附近執業的顧問阿尼姆・亞維（Anim Aweh）告訴《紐約時報》（*New York Times*）：「大家都想成為模範員工。曾有一位女士告訴我：『老闆不是期待你聰明工作，而是你應該努力工作。只管不停地做、做、做，直到你再也做不動為止。』」[19]

這種壓力多半來自現存的公司結構與文化。如同我先前提到的，要評估某人的表現，最容易的方法是看工作時數，長時間工作往往受到肯定和獎賞。如果老闆碰巧在六點鐘時巡視辦公室，看見你坐在辦公桌前，眉頭深鎖，拼命地打字，那麼你看起來可能像是一個專注且忠誠的員工。而旁邊空著的辦公桌，可能屬於某位顯然不把工作當一回事的同事。

我們已經將這些價值觀內化到有許多人願意堅定相信的程度。我們皈依了長工時這個宗教，相信不停地工作不僅是獲得升遷最好的辦法，也是最好的生活方式。隨處都能發現關於如何破除你的習慣，以便獲得更佳工作成效的建議。網路上充斥著各種文章和建議，教你如何儘可能利用醒著的每一刻，讓事業更上一層樓。

創業家蓋瑞・范納恰（Gary Vaynerchuk）靠著提供賺錢和增加個人影響力的建議，四度榮登暢銷作家排行榜。他告訴粉絲：「過去十九年來，每天工作十九個小時，對我而言一直是件容易的事，因為這是我所知道的唯一的辦法。」[20] 一次至少工作十二個小時是范納恰所稱的「通往成功最直的路」。他當然錯了。許許多多的研究顯示，長時間工作會產生反效果，而且效益會隨著時間而遞減。但我們大多數人直覺地認為，更長時間的工作會幫助我們有所進展。時間等於金錢，所以越多的時間等於越多的金錢，不是嗎？「如果你想擁有一身閃亮的行頭？如果你想要買架噴射機？」范納恰告訴他的粉絲，「工作就對了。這樣你就能得到你想要的東西。」

我們欣然接受這種說法。這聽起來很真確，似乎也在范納恰和比爾．蓋茲身上得到印證，所以才會有這麼多人選擇不去度假：我們害怕退步。許多員工沒有有薪假，但即使有，也選擇不使用。

喬治亞南方大學（Georgia Southern University）的沙克斯頓告訴我，關於他在某次教職員會議後無意中聽到的談話。他說：「我的一位同事談起另一位同事，『她休好多假。』那是一種羞辱。言下之意是她散漫馬虎，因為她整個夏天都不工作。」[21] 員工手冊是否指示員工該整個夏天都要工作，或者在海灘上放鬆，都不重要。沒有明載在員工手冊中的政策，往往是透過羞辱來施行。

美國特別有這樣的問題。美國是經濟合作暨發展組織中，唯一一個不要求雇主給予員工有薪假的國家。在歐盟，員工至少有二十天有薪假的保障，而且歐洲人通常樂於放假。

以下是一個矛盾：長時間地工作很可能妨礙你的職業進展，達成事與願違的相反效果。即使美國人說，他們害怕休假是因為可能因此遭懲罰，然而研究顯示，休假至少十一天的人，比起休假十天或更少的人，更有可能加薪。

我從自己的生活中印證了這件事。為了積極捍衛我的休假日，我推拒掉的演講邀約越多，就有越多邀約上門，而且提出的價碼越高。自二〇一四年起，我已經大幅減少工作時數，但收入增長四倍多。我的意思不是縮短工時使我賺更多錢，而是較少的工作量的確沒有讓我損失金錢或專業地位。

最近我在《哈佛商業評論》上讀到行銷策略顧問多莉．克拉克（Dorie Clark）的一篇文章，讓我感到驚駭。克拉克發出警告，經常休假意味著落於人後，她強調利用每一分鐘來建立人脈的重要性。「對自己說多休一些假吧：這是你應得的！是一件容易且誘人的事；」克拉克寫道，「但更好的問題是，你是否準備好讓你的假期發揮槓桿作用——真正將所需的時間和努力奉獻出來，讓自己成為你想要的那種專業人士。」[22]

我懇求你不要「讓你的假期發揮槓桿作用」。事實上，研究顯示如果你讓休假時間真正遠離工作壓力，返回工作時，你更可能消除疲勞、恢復精神，而且最終會有更好的工作表現。「讓你的假期發揮槓桿作用」可能導致你在工作時犯下更多錯誤和做出不當決定，而造成反效果。

數十年的研究證明這個不停地「拼命」，能幫助你達成目標的理論是錯誤的。一再進行的研究也顯示，休假能提升生產力、創造力和解決問題的能力，甚至還能強化你的免疫系統，使你更不容易生病，以免因為感冒被迫待在家裡。那麼美國人為何不休息一下？因為我們一直被洗腦，相信努力工作本身就是成功的關鍵。

在某篇反對矽谷不健康工作倫理的專欄文章中，丹尼爾．漢森（Daniel Heinemeier Hansson）指出，達爾文一天只工作四個小時，而柯比．布萊恩（Kobe Bryant）在非比賽期間，每天只訓練六個小時。漢森身為Basecamp的開發者暨暢銷書《工作大解放》（*Rework*）的作者，他說：「別告訴我打造另一家他媽的新創公司，是件什麼特別了不起的難事，且讓《物種起源》或贏得五只冠軍戒指的成就相形遜色。根本是鬼扯。那全都是需要一種論述來說明他們個人的犧牲和後悔，或者把別人的生活和幸福當作砲灰的有權位者，所兜售的造成反效果的屁話。」[23]

漢森用錢證明他的理念，以免你覺得那全是空談。他的員工一年中的大部分時間每週工作四十小時，而夏季月份只工作三十二個小時。在二〇一七年的某篇專欄文章中，他寫道：「工作成癮是一種疾病。面對這些工作上癮的人，我們需要給予治療和處置的建議，而不是對他們的悲慘加油打氣。」如果工作成癮是一種疾病，那麼它是最糟糕的，那種我們不承認自己病了，所以不去尋求治療的病。工作狂不該是一種恭維或看似謙遜的自我炫耀，而應該是求救信號。

在說了這麼多之後，如果你依然相信每週必須工作超過四十小時，還有投入較少的時間不可能完成你的工作，那麼讓我試著稍微加把勁來說服你。有這麼一個工作場所，想知道如果縮減過多的工時，會發生什麼事。這個經驗或許能動搖你的想法。

二〇一五年，歐洲最大型的醫院之一薩赫爾格蘭斯卡大學醫院（Sahlgrenska University Hospital）的管理階層擔心員工過勞，於是決定減少整形外科部門的工時，一百多個醫生和護士開始每天工作六個小時。你可以想像在一個以工作排程繁重而聞名的行業，休息室擺放著小床，好讓護士和住院醫師能不時假寐一下，這是一項多麼具有革命性的決定。

這個讓管理者緊張的實驗是明智之舉，自從縮短輪班工作的時間後，整形外科部門變得更有生產力和效率，而非相反的結果。執行董事安德斯．海爾唐德（Anders Hyltander）告訴《紐約時報》，員工請病假的天數減少到幾乎為零。「多年來我們一直被告知，每天八小時是最理想的工時；」海爾唐德說，「但如果你想要提升生產力，就得接納新觀念。」[24]

舊觀念認為長工時等於更多工作量和更好的人，這樣的觀念真的十分陳舊。儘管公司管理階層有點刻意地要說服人們，長工時使你成為更好的人和更容易成功，但這個錯覺部分來自於我們工作生活中的「進步」，無意中造成的結果。舉例來說，為了讓員工感覺更自在，管理者一再投資添購舒服的沙發椅和野餐桌，以及精心造景的中庭。其出發點多半是善意的。

由於員工花許多時間待在辦公室，管理者因此想讓環境儘量優美和令人愉快。結果，對於許多在辦公室上班的人來說，辦公室的舒適程度不亞於在家。有些人可能「覺得」辦公室像第二個家，而管理者為了促進大家志同道合的感覺，錯誤地說出「我們都是一家人」。

然而辦公室不是你的家，你的同事也不是你的家人。你可能會在任何一天被解雇，在家庭裡一般不會發生這種事，但願你的工作場所不會強迫你忍受個人關係中常見的功能失調。為工作創造像家一樣的環境，造成了我們的混淆，導致許多人相信他們能夠透過受雇，滿足對於社交連繫和歸屬感的需求，儘管情況通常不是如此。

營造安全、舒適和支持創意思考的環境固然重要，但清楚區分上、下班時間也是很要緊的事。「工作變成不只是工作而已，」哥倫比亞大學教授席爾維婭・貝萊札（Silvia Bellezza）告訴我，「如今工作滿足了社會化的需求，以往只有在與家人和朋友相處時，才能滿足這些需求。」[25]當我們的個人生活變得更寂寞和孤立時，許多人寧可待在工作的場所，因為在那裡至少有些許社交接觸。

另一項誤入歧途的努力是開放式辦公室布局。在這種情況下，其動機是高貴和正向的：管理者尋求創造更有凝聚力的團隊和鼓勵社交互動，但最終的結果正好適得其反。長年的研究顯示，開放式辦公室布局事實上使人們更不可能交談。失去隱密的可能性會造成壓力，因而阻礙創意思考。被公開展示的人們會退縮，你能責怪他們嗎？許多專家曾預言，開放式辦公室會提升生產力，但再一次證明結果往往相反。有些管理者相信藉由讓員工難以隱藏他們正在做的事，能引導員工專注於工作。但哈佛大學組織行為學教授伊森．伯恩斯坦（Ethan Bernstein）發現，當圍牆拆除，員工會更努力隱藏他們的活動。他們找到離開辦公室或在休息室逗留的新理由，有人甚至創造密碼與同事溝通，以免被偷聽。員工開始利用會議室，因為可以關上門，或者為了可以獨自工作而開始早到。伯恩斯坦建議：「設置一些隱密的區域，在某些情況下，能增進績效。」[26]

我明白預見我們的選擇所帶來的負面影響，通常不是容易的事，尤其當其用意是為了改善某人的生活時。同樣的，讓我們再來看看歐洲和美國的明顯差異。長久以來，歐洲的商店在週末不營業。直到不久之前，在德國、丹麥、匈牙利和英國等國家，仍有週日購物禁令。目前波蘭還存在這種禁令。

許多人認為這是不便民的政策。的確，在每週的任何一天都能買衣服和工具是比較方便。但貝萊札說美國人為了週末購物的便利付出代價。「在歐洲，人們需要在週間上班日跑腿辦差事，」她告訴我，「所以他們準時下班。而在美國，任何時候你都能購物。有些商店一天二十四小時營業。」這意味著人們願意留在辦公室，因為知道這不會影響他們在家完成事情的能力。

好的意圖造成最危險的非預期結果，或許可以一路追溯二十世紀初期的亨利．福特。一九二六年五月一日，福特汽車公司成為最早為員工制定一週工作四十個小時的公司之一。福特早已在一九一四年便創造一個工作日五美元薪水的制度，這個決定深深影響了各地的勞工，也有助於產生一個新的消費階級：員工的收入足夠購買他們協助製造的汽車。福特常被認為幫助創造了美國的中產階級，功不可沒。

限制工時不超過四十個小時的決定，對於平衡工作與家庭生活固然重要，但福特告訴記者，他的動機主要是出於資本主義思維而非慈善的考量。「空閒，」福特告訴《世界勞動》（*World's Work*）雜誌，「是發展消費市場不可或缺的一環，因為勞工需要足夠的閒暇時間，來發現消費產品的用途，包括汽車在內。」[27]

換句話說，福特提升工資，好讓員工買得起他的產品，同時限制工時，這樣他們才有時間購物。無數的公司仿傚福特的做法。忠誠的顧客在大多數公司成為好員工的標記，最終政治人物也學會這種號召方式，鼓勵國民購物，以證明他們的愛國心。舉例來說，發生九一一攻擊事件後兩個星期，布希總統告訴美國國民：「做好你自己的事……去佛羅里達州的迪士尼世界。帶著你的家人一起享受生活。」

花錢對國家有益是非常晚近的觀念。就在不太久之前，超支被視為不道德的行為，而負債被看成一種性格缺陷。一八〇〇年代，歐洲的許多政府在當地郵局，甚至一些學校，開設儲蓄銀行，以鼓勵年輕人存錢。[28]「這些提倡儲蓄的文化，留存在現今的許多先進經濟體中。」《入不敷出：為何美國人在花錢，而世界在存錢》（*Beyond Our Means: Why America Spends While the World Saves*）的作者謝爾登．加隆（Sheldon Garon）寫道。用不著我提醒你，一八〇〇年代是工業革命的全盛期，因此這個從存錢到花錢的轉變，只是我們進入機械化時代後發生的另一項改變。

歐盟的家庭儲蓄率目前大約上升到十%，接近於一九六〇年的美國。美國的家庭儲蓄率現在降到約二%，而美國人花錢的方式可能正在向外傳播。二〇一七年，三十年來頭一回，英國人花掉的錢比賺到的多。澳大利亞也出現類似的改變：儲蓄率從一九五九年的將近十%，到二〇一八年只略高於二%。

許多國家的國民被鼓勵要多購物，以便維持公司的高獲利。其運作方式如下：二十世紀的生產力增加，但工作時數保持不變。以前用四十小時的工時製造一百台電子遊戲機，現在我們製造出一百五十台。多出來的五十台遊戲機需要賣出去，但公司顯然不想付倉儲費用，也不給員工休假，同時又要賣掉過剩的商品。

消費者被告知要購買更多東西，以保持商業活絡。「在假日購物季期間，美國收到最大的禮物，」哥倫比亞廣播公司（CBS）MoneyWatch的賴利．萊特（Larry Light）寫道，

「是美國消費者的大肆採購，他們現在是推動經濟績效的主要動力。」[29] 佛羅里達州當地機械師工會的官員在二〇一一年寫了一篇專欄文章，宣稱：「解決美國經濟問題的辦法就在我們自家後院。這個辦法是：買美國貨。」[30]

近年來，比較年輕的人抗拒這股壓力，因此為廣大的社會所不齒。千禧世代選擇花錢購買經驗而非物品。比較年輕的人挑選的不是給予最高薪水的工作，而是找尋能分享其價值觀的雇主，而且當中的八四%相信，他們有義務改變這個世界。不令人意外，千禧世代被全球經濟體歸咎為消滅鑽石市場、百貨公司、汽車工業和賭場的禍首。

要記得，我們全都選擇獲取生產力帶來的利益，並將它投資於生產更多的產品，而非縮短工時。因此，當供給增加，許多一度被認為奢侈的物品，其成本快速下降。自一九八〇和九〇年代起，就連中產階級家庭都買得起好幾台電視機。有史以來第一支行動電話，摩托羅拉（Motorola）DynaTAC，在一九八三年要價約四千美元。二十年後，第一代iPhone要價六百美元。在八〇年代初期，一台微波爐幾乎要花掉你六百美元。現在我走進當地的目標（Target）百貨公司，發現特價出售的大型微波爐不到四十美元。

所有因素牽扯著國內經濟的同時，一種迷人的文化演變在二十世紀後期發酵。除去收入光譜兩邊的極端不計（億萬富翁和他們的百萬富翁朋友，還有另一端的窮人），文化的重點從奢華轉移到忙碌。人們不再誇耀他們的平面電視，而開始「抱怨」他們滿滿的行事曆。你不是因為擁有iPhone而得到地位，因為iPhone似乎人手一支。人們得藉由擁有的空閒時間有多麼少，來贏得別人的尊敬。

在我坐火車跑遍美國時，遇到從波士頓要到紐約的一位年輕女士，她問我是不是被解雇了。「我只是無法想像你竟然有這種閒工夫。如果我休假兩個星期，我的部門會崩潰。」她告訴我。我不認為她不在場，她的同事就沒有能力維持公司運作，但在我看來，她想傳達的訊息相當清楚：我是不可或缺的人。我很忙，因為我很重要。

這不只是我某天坐火車時，從某位女士那裡蒐集來的軼聞式證據。抱怨我們所擁有的時間非常少，已經成為一九九〇年後期至二〇〇〇年代初期最常見的活動之一。研究人員多年前便注意這個變化，並開始調查以忙碌作為地位象徵的現象。

一八九九年，經濟學家暨社會學家托斯丹．范伯倫（Thorstein Veblen）發表了極具影響力的書《有閒階級論》（*The Theory of the Leisure Class*）。他在書中說到個人成功最有力的指標之一是「明顯的棄絕勞動」。[31]倘若范伯倫看見接下來的一百年，閒逸逐漸變成代表貧窮而非成功，他可能會大吃一驚。

這在美國、加拿大、澳大利亞和英國，是一個特有的問題。研究顯示，人們想當然爾地認為戴藍芽耳機的人（想必需要處理多重任務和整天接電話），地位高於戴頭戴式耳機的人，因為他們可能只是在聽音樂和玩樂。[32]當我們要在兩個類似的人之間挑選時，我們會說比較忙的那個人比較重要，這在研究中屢見不鮮。

事實上，吹噓自己有多忙，給人一種你有價值且吃香的印象，就像我在火車上遇見的那位年輕朋友。一個人的極度忙碌，取代了穿戴昂貴的商品和展現高價服裝，隱隱吹噓著他本身的價值和才智。他可能大談行事曆上的約會和任務，或者說「我得查看我的行事曆」，來回應大多數的邀約。當你問候他過得如何，他不會回答「還好」，而是說「很忙！」。

不同於義大利，在像美國這樣的地方，長期忙碌最常見的原因之一，是美國人長久以來看重贏來的地位，這是白手起家神話的副作用。有沒有價值不是取決於你的家世或人脈，而是你滿滿的行程表所彰顯的本身價值。再者，沒有空閒時間暗示你多麼努力在工作，而努力工作能立即獲得別人的尊重。

並不是說昂貴的商品不再吃香，或者不再被用於彰顯地位。在一八九九年，范伯倫寫到關於「炫耀性消費」，談到想購買永遠用不上但昂貴的物品的普遍渴望。「一開始閒暇居於首位，地位遠高於以揮霍的方式消費物品；」范伯倫寫道：「此後消費活動抬頭，直到現在無疑位居第一。」[33] 現在情況依舊不變，收入等級最高的人想買更大的房子、直升機和船，但我們其他人通常不是如此。

炫耀性消費在二十世紀的衰退期達到頂峰。一九七〇年，瑞典經濟學家史戴芬・林德（Staffan Linder）寫到關於「被騷擾的有閒階級」。[34]他描述他們「被騷擾」，原因是可買到的項目數量暴增，以及他們相對買得起的能力——無論收入等級，總是找得到某個東西來買，造成一種獨特的壓力。

要記得，在一九八〇和九〇年代，一度被認為中產階級買不起的品項，其成本迅速下降。生產力穩定提升之下，製造商生產出裝滿倉庫的產品，而且為了售出這些產品，價格持續下降。

經濟學家開始瞭解到，凱因斯假定人們是為了購買他們需要的東西而工作，這個假定可能是錯誤的。事實上，人們可能為了一再體驗伴隨著獲得新東西而來的欣快感而持續購物。當我們購物時，大腦會產生多巴胺，使我們真的對購物上癮。

在《重訪凱因斯》（*Revisiting Keyne*）書中，羅蘭索．佩基（Lorenzo Pecchi）和古斯塔沃．皮加（Gustavo Piga）認為，我們購買新東西的興奮感雖然強烈，但為時短暫。「一般消費者，」他們說，「會逐漸習慣於他所購買的東西……然後迅速渴望擁有下一個產品。」[35]因此當年凱因斯預言，如今我們投入工作的時間將會非常少，卻未料想到不必要消費的興起，這是他出錯的部分。

對消費主義的頌揚，創造出惡性循環。為了購買我們以為會讓生活變得更好，但其實很快就不再喜歡的產品。我們的工時越來越長，而這些產品本身需要時間維護保養，更會占用我們的空閒時間，使得我們不快樂，於是我們決定買新的產品來舒緩悲傷的感覺。情況週而復始。

你可能以為在高收入階層不存在這個問題，因為有錢人通常有足夠的錢購買他們想要的任何東西，不覺得有必要賺更多的錢來買更多東西。但是不是漸漸習慣聽到，「事實證明結果正好相反」這句話？

請你回想一下我先前分享的引文，經濟學家暨社會學家蓋瑞．貝克在一九六五年所寫的：「一旦人們獲得更多報酬，他們的工作時數就變得越長，因為工作比空暇更加有利可圖。」[36] 即使對於收入等級最高的人而言，這句話依舊真確。

讓我沮喪的是，自己也落入這個陷阱。我原本打算撥出一個星期的時間來放鬆，後來接到一個條件好到我無法拒絕的邀約，**我無法對那個金額說不**。如果有人開價兩百美元，要我飛到丹佛（Denver）去演講，我會毫無猶疑地拒絕。可是當金額提高，這筆錢似乎開始變得比休假更有價值，**即使我並不需要這筆多出來的錢**。何況我根本算不上是高收入階層的人，如果是的話，我敢說我會更難拒絕這樣的邀約。

世界上總會有別的東西可買，而身為中產階級的我們不可能有足夠的錢，這表示工時絕對不夠多。最終的結果是，下班後的時間開始讓我們感到壓力。時間就是金錢，當我們浪費時間從事沒有生產力和無利可圖的事情時，便會心生罪惡感。

在查閱工時最長者的資料時，能看出判斷地位高低的依據在轉變。在一九八〇年代，藍領工人的工時比領薪水的雇員長，這表示較低的收入意味著較長的工作日。這樣的情況已經翻轉過來，如今受過大學教育的員工，每週工時超過四十小時的機率，是藍領工作者的兩倍。

一九八五到二〇〇五年期間，沒有高中文憑的人，每週約有八小時空閒時間。現在一般而言，錢賺得越少的人，擁有越多的空暇。我們可以合理假定，你的工時越多，人們越可能認為你是重要和富有的人。

如今，有閒並不是一件很酷的事。「在我小的時候，」麥斯頓告訴我，「我爸是高爾夫俱樂部的會員。過去你得等十年才進得去，現在你立即就能入會，因為人們把時間花在工作和購物上。許多嗜好因為差不多相同的理由而消失，人們不再有時間打高爾夫球。」[37]

二〇一五年對打高爾夫球的人所作的調查顯示，他們大多認為打十八洞太花時間。四十五歲以下的球友說，他們偏好只打大約九十分鐘，因此現在許多球場提供九洞的比賽。[38] 這種不耐煩顯現在各種行業：人們用兩倍或甚至三倍的速度聽播客和有聲書，以便更快聽完。

以下是最大的反諷：我們為了給事業更多的時間，而苛扣個人生活，但我們的投資卻得不到預期的回報。過度工作的定義是每週工作超過五十個小時，而投入這麼多工時的人，只比更合理安排工時的人多賺六%的薪酬。所以如果你一年的平均薪資是四萬五千美元，你的超時工作只為你換來額外的兩千五百美元。

我打從心底認為，我們明白自己的優先順序。當人們在調查中被問到他們的優先順序時，他們通常回答他們寧願休假而非賺更多錢。歐洲和北美的民意調查一再顯示，人們重視空閒時間勝過金錢。做為因應之道，公司投下鉅資來改變我們對此事的想法。如同作家班傑明（J. R. Benjamin）所言：「為了想要暗中破壞我們天生想要空閒、自由時間的傾向，美國境內每年有一兆美元花費在行銷活動。」[39]

有一些有效的方法可以抵抗這些洗腦手段，其中之一就是培養一種需要大量時間的嗜好。我已經重拾十字繡，儘管有一位朋友警告我，絕不可能賣得掉完成的作品，因為人們不會願意付出花費這麼多時間所賺到的錢。我才不在乎，我要繼續編製那花費多到不像話的時間，所做出來的美麗刺繡，而且堅決拒絕給它一個標價。做十字繡讓我快樂，每當我看著那精心的針法和豔麗的顏色，便對於我完成的作品感到驕傲。誰知道呢？也許我會再度製作故事影片。

我們在工作過度的祭壇上獻祭了許多東西和漫長的時間，拿出我們的隱密、社群關係、嗜好和內心的平靜，交換在商業上更有利可圖的習慣。但最重要的問題是：這麼做值得嗎？過去幾十年來，我們的答案一直是肯定的，但現在該是重新思考的時候了。

第五章
把工作帶回家

現在尋求達成最高生產力，類似於某種宗教，
由大祭司（時間管理大師、生活駭客專家、生產力教練、
宣傳管理專業人士）、種種教義（應用軟體、工具、方法、提示、
工作站重新設計、紀律）和數以百萬計的熱中者（及早採納者、
專題討論會參與者、證明者和愛好此道者）所構成。
目前搜尋「如何更有生產力」，會產生四千零九十萬筆搜尋結果。

——安德魯．塔格特（Andrew Taggart）

還記不記得一九九〇年代推行的撥出「優質時間」（quality time）陪孩子？那時我剛從高中畢業，記得這句話出現在雜貨店裡所有女性雜誌版面的顯著位置上，並聽見它在脫口秀中被討論。我的一位大學教授將之縮略成「QT」，並且說出像這樣的話：「今天我的辦公室時間在三點鐘結束。我預定用幾個小時的QT陪孩子。」

這整件事是相對短命的一時流行。一九九七年，《新聞週刑》（*Newsweek*）刊載了一篇名為〈優質時間的迷思〉（The Myth of Quality Time）封面故事。該篇報導刊登的一年之後，我當了媽媽，這時優質時間已不再流行。兒子出生時，未婚夫隨著派駐波

士尼亞的軍隊待在海外，於是我成為單親媽媽。兒子不得不處處跟著我，甚至在學步過程中和我一起到上班的地方。對我來說，優質時間和一般時間沒有兩樣。我把握機會，一有片刻的時間就陪他閱讀和玩棋盤遊戲。

近來人們雖然很少談到優質時間，但它背後的概念依舊存在。你可以安排一個小時陪伴你的孩子，這一個小時如此具有品質和影響力，足以彌補你經常上班到很晚的欠疚，這種想法在許多家庭中是沒有明說的原則。該概念產生自職場，當中管理者長久以來相信，他們能營造一個可以提升工作品質的環境。

九〇年代初期，家家戶戶還熱中於優質時間的概念，社會學家亞莉・霍奇查爾德（Arlie Russell Hochschild）在夏季時觀察某家美國大公司員工的工作和家庭生活。她聽到許多人和她談起優質時間，霍奇查爾德說他們的目的是想把「效率崇拜從辦公室轉移到家裡。我們不是每天花九個小時陪伴孩子，而是宣稱自己有辦法用一個小時更密集、更專注的優質時間，獲得『相同的效果』……我們的家庭關係正在被重新調校，以便在較少的時間內達成更大的生產力」[1]。

我完全瞭解當家長的人，不停地對孩子說「去你的房間玩，我得把這件事做完」的內疚。我明白到了晚上當你終於走進房門，急著見孩子，卻發現他已經躺在床上睡著了，這種情景多麼教人心痛。在家時，我們會運用在辦公室裡似乎相當管用的技巧，試著來解決這些問題，並不令人意外。

事實上，我們帶回家的遠遠不只是優質時間的概念。大多數人努力使家變得有效率，這個傾向造成了問題。

離開辦公室時，我們隨身帶走越來越多的工作，用電腦和智慧型手機來建構我們的下班時間，並將生活安排成更能容納我們的工作。或許為了讓自己對此有更好的感覺，我們也把一點點的家帶進辦公室。在工作場所慶祝生日，把孩子帶去上班（像我那樣），在辦公室的健身房運動，用辦公室的電腦購買節日禮物。

當然，這不完全是壞消息。工作與家庭之間的界線模糊，也不必然是件壞事。這種策略有若干好處，或許在家寫報告意味著你可以多陪心愛的人幾個小時，或許辦公室裡繽紛的畫作和翠綠的植物，能幫助你放鬆和激發創意。又或許你正在和伴侶吵架，而辦公室感覺起來像是遠離家中敵意的避難所。

不過最終結算下來，這不是一場平等的交易。我們深知世界各地的人對於工作的看法，知道工作與家之間的交流多半是單向的。換句話說，在辦公室與客廳的戰爭中，辦公室通常勝出。

說到生活理念和個人習慣，過去幾十年見證了我們內化從工作中學到的東西，並將之運用在日常生活和親密關係中。你可以在我們的廚房、客廳和甚至床上，發現辦公室的跡象。

當然，我不希望我們將個人的習慣帶進辦公室。不希望員工把工作空間弄得像他們的廚房那樣凌亂，而且肯定也不希望他們打電話給我，大聊他們的表兄弟姊妹和最好的朋友，這樣非常不適宜。但彷彿遵照員工手冊般地過你的個人生活，也同樣不適宜。

執行長和主管們依據不停成長的概念來建構他們的企業，就連我們也開始用相同的方式規劃生活。我們現在相信，持續進步和改變是可能的，甚至是值得讚賞的。提醒你，那不是長久以後的事，而是每天發生的事。我們用清單來一一核對我們的飲食、運動和冥想活動。創造數位提醒工具，用來寫我們的日記或閱讀一本書。

我們對於隨著時間而來的成長，通常也不感興趣。相反的，我們尋求捷徑，購買承諾我們在五個小時內精通西班牙語的書籍。最近我逛了一家書店，看見一整架子教你用閃電般的速度學習的書：《三十秒學會心理學》、《三十秒學會經濟學》、《三十秒學會遺傳學》。

我想要表明，從一開始我就認為找機會改善自我是件好事，那是很棒的動力。但就像運用科技一樣，問題不在於工具，而在於過度使用。進步是好的，但用不著時時刻刻想辦法要讓自己變得更好。如果你正在找尋最快速學習吉他的方法，是因為還得擠出時間做瑜珈、研究生酮餅乾配方和自製木炭面膜，那麼更沒有時間，讓你做自己了。沒有留下用來休息和感到滿足的間隙。

二〇一六年，光是在美國，自助產業的產值將近有一百億美元。到了二〇二二年，其產值可望超過一百三十億美元。許多人相信藉由不停追求最高生產力，他們能解決、修補和改善生活與身心狀態。

如果可以透過Pinterest程式搜尋，找到有討喜裝飾的**最好**蛋糕配方，為什麼只做蛋糕而已？幾乎沒有人搜尋「良好的健身習慣」，而是搜尋「終極的健身法」。我們想用最快速、最有效率的方法來達成目標，並希望這個方法最好有多達五顆星的評論做保證。

顧問暨訓練師安德魯・塔格特（Andrew Taggart）說：「我看見的是，我們已經接受了以努力工作或生產力掛帥的中產階級價值觀，並且將無情的堅持，應用我們自己身上。」[2] **無情**這個用語選得好，因為我看見人們把自己活活累死，只為追求不停的進步和最有效率的人生，往往還不是基於他們真正想要的東西，而是根據讀到的成功人士每天的例行清單。

行事曆、應用軟體、飲食計畫、昂貴的裝置……任何我們相信可以節省一些時間，使我們更進步一點的東西。我有一位朋友每天寫四份日記：一份關於跑步、一份關於飲食、一份是日常任務，還有一份感激日記。分開來看，寫這些日記的目的是好的，但合起來就太多了。

這些小小的改進和解決辦法，可能不會，甚至不可能讓你更有效率。舉例來說，試想一下做筆記的挑戰。如果你最近上過大學的課程，你大概會看到老師面對著整個房間裡打開的筆記型電腦。大多數學生用電腦做筆記，許多上班族也是這樣。我們帶著筆記型電腦去開會，在聽電話會議的同時不停地打字。

如果你的目的是做聽寫，那麼用電腦打字肯定更有效率。許多學生打字的速度飛快，幾乎可以記下教授說的每個字。但多年來我們已經知道，利用電子裝置做筆記，並不是用來理解你所聽到的東西和記住資訊最好的方法。

在使用筆記型電腦時，姑且不論你可能分心和受誘惑，去查看電子郵件或上網。普林斯頓大學和加州大學洛杉磯分校所做的一項研究也發現，即使只用電腦做筆記，說到幫助理解和記憶，效果仍然不如手寫。這篇報告名為〈筆比鍵盤更有力〉（The Pen Is Mightier Than the Keyboard）。[3] 使用筆記型電腦的學生被問到概念問題時表現不佳，儘管他們記錄下更多聽到的話。當學生以手寫方式做筆記時，他們也處理了聽到的資訊，並且用自己的話記錄下來。使用筆記型電腦的人縱或能逐字謄錄演講內容，但他們學到的東西比較少。

密西根大學的蘇珊．戴納斯基（Susan Dynarski）教授，二〇一七年時在《紐約時報》寫了一篇專欄文章，解釋她為何在課堂上禁用所有電子裝置。她承認這項政策可能看似極端，但是她說：「研究的結果相當明確：筆記型電腦造成學習時分心，無論對使用者或周遭的人。我們還可以合理推斷，電子裝置也會削弱高中課堂上的學習成效，以及損害各種工作場所開會時的生產力。」[4]

基本上這便是以效率本身做為目標的危險。我們太專注於更快速完成事情，以致於看不見真正被完成的事情。如果你記下教授所說的每個字，卻理解得非常有限，那麼這門課你會很難過關。所以真正的目標是什麼？快速和效率，還是仔細深入的理解？

我現在總是手寫做筆記，但因為愛樹木，所以我不使用紙張。我找到可以辨讀草寫字母的平板電腦，然後將手寫筆記轉成Word文件。我從來不會一字不漏抄寫我聽到的東西，而只記下重點。但決定要記下什麼的過程，能幫助我記住內容。

我得不停地判斷什麼是重點和真正的內容。因此，比起用平板電腦記下更完整的筆記，我的筆記最終是更個人化和有用的筆記。儘管比較缺乏生產力，因為記下數量較少的字，卻更有用處。

「我們接受了一種假象，」塔格特說，「以為生產力**本身**是我們受苦的目的，或者它**本身**等同於快樂，然而個人生產力的真正目的，是讓工作和社會能延續……真相是我們成為它的工具。」[5] 換句話說，我們之所以使用筆記型電腦，是因為認為記錄下八〇%的說話內容，本身就比只記錄五〇%更好。我們努力達成最高生產力，卻忽略了這麼做反而使我們越遠離最終的目的——學習。

如果讓我們自行決定，我不相信會自然而然往朝向工作得更久，以及在做的每件事情上追求最高效率，包括洗衣服、玩遊戲和讀小說。大量的歷史資料顯示，我們偏好保持平衡比例的輕鬆休閒與辛苦勞動。然而兩百多年來的宣傳已經說服我們相信，不活動等同於懶惰，而空閒等同於可恥地浪費時間。

如果你以為我是以比喻的方式使用**宣傳**這個用語，那麼你錯了。讓我們暫時將時間倒轉回到一九二〇年代。當時工時之戰仍如火如荼地進行，在工業化世界到處開打，但勞工贏得勝利。十九世紀讓人疲憊不堪的日子遠離了我們，在大多數產業，勞工的工作時數越來越短。

雇主們似乎已然明白，他們打不贏直截了當的仗，所以運用了在第一次大戰期間學來的微妙策略。雇主們知道，為了激勵生產線上的員工，他們可以借用戰爭部（War Department）的策略。

一位年輕的奧地利移民曾在戰時任職於公共資訊委員會（Committee on Public Information），從事他所稱的「心理戰」。這位康乃爾大學畢業生被賦予的任務，是增進美國和海外民眾對於戰爭的支持，而他是箇中好手。

愛德華・伯內斯（Edward Bernays）後來說到，他在公共資訊委員會辦公室學到非常寶貴的一課：他在戰時運用的策略，「可以同樣便利地應用於承平時期的事務。換言之，戰時運用於國家的策略，在承平時也可運用於國家的組織和人事。」[6] 這個身材瘦小，擁有深陷的黑眼睛、高額頭和濃密八字鬍的男人，也許現今的大多數人並不熟悉，但他永久改變了我們的生活。

伯內斯現在以「公關之父」而聞名。他促使女性吸菸在二十世紀後期成為時髦的事，方法是重新將香菸包裝成「自由的火炬」和女性主義力量的象徵。他於一九二八年出版的書《宣傳學》（*Propaganda*）在當時極具影響力，被許多掌權者付諸實行。「操縱這種無形社會機制的人，建構出一個真正統治我們國家的隱形政府；」伯內斯寫道，「我們日常生活中的一舉一動，無論在政治或商業領域，社會行為或我們的倫理思考，都受到相對少數的人所控制……他們瞭解大眾的心智歷程和社會模式。」[7]

勞工受到操縱，以致於對想要休假感到羞恥。公司幾乎成為國家的同義字。歐洲有家族紋章，美國則有公司標誌。在一九二〇年代，雇主開始張貼海報，責罵沒有全力投入工作的員工。「浪費、粗心大意、錯誤、工作懶散；」某張海報上寫著，「在他們阻止我們之前，幫助我們阻止他們。」

另一張海報畫著一名士兵在展開的美國國旗前接受表揚，寫著：「有效率的勞工永遠受人敬重。他的功勞得到大家的認可。讓你自己與眾不同吧！」還有一張海報以一個巨大的時鐘作為主圖，背景是有煙囪的天際線。「電話響了，要立刻接起來；」它要求，「當你『休假不在』時，別人會搶走你的機會！休息一天會讓你損失慘重。」這些是雇主們創造的日常警語，用來灌輸員工最有利於公司的信條。

雇主也發現他們可以挑撥員工，使之相互競爭升遷或加薪，藉以鼓勵他們比同事更晚下班，比他們的「競爭者」投入更多工時。

用來描述好員工的特性，不知何故也被用來描述好丈夫、好姊妹或好朋友：可靠、穩定、工作過度、獨立自主。作家瑪麗亞・波波瓦（Maria Popova）告訴英國廣播公司：「最有害的事是我們將生產力應用到生活層面的傾向，按其本質，在這些層面不應該存在這種判定標準。」[8]

波波瓦說她以前喜歡隨身攜帶照相機，拍攝她看見的東西。現在她對於在社群媒體上運用她的照片感到有壓力，照相機「變成了本身的負擔」。我理解她的困境，我喜歡走路，但有時候我健行的唯一目的是為了達成我預設的步數目標，我因此害怕出門。因為我把消遣變成工作，原本愉快的事感覺就像沉悶的苦差事。

同樣的，追求進步不消說應該是件自然的事。從生物學角度來看，我們先天被設定成很快就會對現狀感到不耐煩，以及要求更好的東西。但我們已經走上極端。再者，我們忽略了生產力只是為了達成某個目標的手段，本身並非目的。某位時間管理專家曾告訴修爾，「我們已經變成會行走的履歷。如果你不做點什麼事，便無法創造和定義你的身分。」

這種處理生活猶如處理辦公室工作的強制態度，助長忙碌成為一種地位象徵。二〇〇七年，提摩西．費里斯（Timothy Ferriss）寫出《一週工作四小時》（*The 4-Hour Workweek*），書中充滿如何縮短你的工時的指示。我願意衷心支持這個想法，不過他的目的並不是增加你的空閒時間，而是加以放大利用。

貼出他每日行事曆的部落格中，費里斯說：「目的絕不是要虛度光陰。」[9] 在他的「下班時間」，費里斯進行訪談、寫文章，訓練健行、射箭或武術。他做的每一件事似乎都是為了幫助他，以無情的效率達成越來越多的目標。他貼出典型的一天概要，而他的行事曆包含吃東西、運動健身、寫作、洗冰浴，然後在晚上十一點鐘後放鬆。費里斯說他在凌晨一點到四點之間，寫出他「最好的作品」。

費里斯是眾多希望吸取每分每刻精華的人之一，絕不浪費可以用來邁向新成就的時間。縮短工作時間是我贊同的事，然而為了時時刻刻都具有生產力而折磨每一分鐘，這點我就不贊同了。

先前我曾提到，在二十世紀後期，社會地位更多是取決於忙碌的程度，而不是財富多寡。這種潮流始於一九九〇年代，此後有增無減。社群媒體用展演性的忙碌，餵養這種執迷。我說它是「展演性」，是因為有時活動的目的，似乎僅僅為了拍照和張貼照片，或者為了在部落格貼文中寫到相關的經驗。

因此，人們比較可能參與能讓他們在Instagram上看起來好看的事件和活動。我最近去了趟國家公園，停下腳步慢慢欣賞一小片林中空地，那裡有一條緩緩流動的小溪，懶懶地穿流而過。有兩隻松鼠在白蠟樹周圍玩追逐遊戲，野生的槐藍屬植物在微風中擺動。風景美到讓人感覺不真實。

當下我的第一直覺是想拍照，但我最終決定不這麼做，因為我希望這個片刻比起在Instagram上貼照片更寶貴。我來到公園這裡是為了享受陽光和風景。我想要逃離工作，而不是將健行變成我的專業品牌的延伸。

這件軼事聽下來我好像一派輕鬆，但其實是種誤導。在我成年生活的大多數時間裡，我曾想過如果不會從頭做出松子青醬，我至少可以做些瑜珈，還有如果我不會做瑜珈，至少可以迅速寫出部落格貼文。在許多方面，我做的決定都是依據可能影響我人生履歷的抉擇和結果。

對許多人來說，想要充分利用每一分鐘時間的欲望，最終導致我們執迷於快速解決問題，以及追求越來越複雜、越難理解和違反直覺的方法，來完成我們可能早已知道如何去做的事情。我們用值得拍張照片的消遣來填滿我們的下班時間，而這些消遣還得令人驚嘆。如果我們的嗜好無法讓朋友「按讚」，那樣有什麼意義呢？

約翰・帕夫盧斯（John Pavlus）在二〇一二年寫了一篇名叫〈一位康復中的生活駭客的懺悔〉（Confessions of a Recovering Lifehacker）的文章。帕夫盧斯發現自己花費了多少時間，用來閱讀關於改善個人與職業生活的文章後，遭逢了靈魂危機：「也許我用來找尋更好的做事方法的時間，正好使我無法**做事情**。這就像在跑步機上跑步：我猜，你可能鍛鍊出非常棒的身材，但你實際上從未到達任何地方。」[10]

帕夫盧斯問，生活駭客事實上是否是專注於可量測的小任務的方法，而不是問問我們自己，關於如何運用時間，以及我們較高的優先順序是什麼，這類艱深的大哉問。我認識一位女士，每當她用電腦工作時，就會拼命搖動手臂，為的是想欺騙她的Fitbit運動智慧手錶，好讓它以為她已經走了兩百五十步。我猜想她是在「駭客」她的運動，但這麼做並不會使她變得更健康。

配戴Fitbit運動裝置的目的，難道不是為了維持良好健康，而非為了達到某個數量的步數？每當發現自己在廚房裡繞圈子走路，同時盯著手錶，以便在達成一定步數時可以立刻停止時，我這麼問我自己。

在許多方面，我認為我們已經看不見空閒時間的目的。我們似乎馬上將閒逸等同於懶惰，但這兩件事截然不同。**空暇**不是**怠惰**的同義詞。閒逸提供玩耍的機會，這是現今人們鮮少能享受到的東西。我先前提到的高爾夫球場，目前提供了讓比賽更快速進行的新方法，不過確實有許多運動，我們不再有時間參與。ESPN運動頻道在二〇一四年刊登一篇文章，標題是〈操場籃球即將消失〉。「球場上空無一人，」這篇文章說，「籃球網垂掛在一條線上。以往滿滿的觀眾不見了，打球的人也是。」[11]電影《沙地傳奇》（*The Sandlot*）很快就會變落伍，因為打棒球的孩童人數已經減少好幾百萬。

運動只是這種現象的其中一例。最近的調查顯示，家長教師會、工會、教會、環保團體和政黨的會員人數都已下降。[12]將近一半的人說他們不喜歡參加任何團體，而超過一半的人說即使他們想參加，也沒有時間。

重點是我們的忙碌主要以目標為導向，目的是創造一個公眾人格，而不僅僅為豐富我們自己的生活。就連養育子女也往往著重在累積成就和履歷。社會心理學家哈利・特里安迪斯（Harry Triandis）指出，當一個文化以個人而非以群體為中心時，人們會傾向於強調成就而非關係。社會學教授菲利浦・柯恩（Philip Cohen）告訴《經濟學人》：「現在的父母親害怕比鄰居做得少，感覺像是在進行軍備競賽。」[13]

養育小孩通常需要比較慢的步調，因為孩子未必總能按照我們偏好的步調聽命行事。我記得曾在一家商店裡催促我兒子，叫他「加快腳步」，別再盯著玩具看。結果他就躺在走道上哭了起來，以示抗議。

速度和效率在本質上對立於內省和親密。要熟知另一個人和瞭解某個群體的情感面向，所不可缺少的那種社會意識，需要時間和專注，這是大多數人認為他們不具備的兩樣東西。

但時間和專注在關係中至關重要。科學家發現，你必須具備內省的能力，才能瞭解和同理別人。如同一份二〇〇九年的報告所指出：「相較於（智慧型手機和筆記型電腦的）快速多工和平行處理，欲瞭解由文化所塑造的社會知識，所需要的那種內省思考過程，速度比較慢且需要額外的時間。」[14]我們追求用越來越快的方式來達成目標，因此這些需要花費時間和耐心的技巧——社交技巧，便逐漸衰退。

「時間就是金錢」思維的另一項副產品是嚴重的分心。心理學家說現代社會經常遭遇分裂意識或「缺席的在場」問題，當中我們從未全心關注所做或所說的事。其根源同樣出自十九世紀，因為那是人口開始從鄉村地區移入都市的時期。

住在村莊或農場裡的人，通常與數量有限的人互動。他們只和一兩百個人保持連繫，因此要記住生日和個人怪癖是相當容易的事。當人口大量遷徙到城市，互動的人數暴增，他們開始經歷所謂的「都市超載」。

一九〇三年，社會學家格奧爾格．齊美爾（Georg Simmel）談到藉由過濾所見所聞，我們儘可能地維持與人的互動在最表面的層次，以保存「心理能量」的傾向。[15]我們非但不可能記住，在城市街道上遇見的每個人的個人細節，而且如果嘗試這麼做，會使人在心理上枯竭。

科技加重了我們覺得吃不消，而必須保護自己免於親密關係的感覺。電腦和智慧型手機增添了資訊的超載，以及不停回應別人的壓力，進一步使許多人確信，和別人聊天是我們無法應付的事。

現在我們的注意力幾乎總是分裂的，因為似乎隨時都在做些什麼。我們的嗜好已經變成要達成的目標，家變成辦公室，而我們的空閒時間不再空閒。這些是過去兩百年來發生的一些改變，這不必然意味著所有的改變都是壞的或者有害的。我們必須回答的問題是：界線何在？我們要如何幫助自己，以及我們正遭受何種危害？

第六章
最忙碌的性別

五點鐘躺下來休息，六點鐘驚起，然後重頭來過，
「因為我是女人！」W-O-M-A-N，我再說一遍。
——〈我是女人〉（I' m a Woman），傑羅姆．李波（Jerome Lieber）* 作詞

最近我在麻薩諸塞州女性會議（Massachusetts Conference for Women）發表了一場演說，在我之前上台的演講者解釋到，女性與男性同事洽談時必須更謹慎，因為男性不像女性那樣擅長多工。我心裡想，**女性也無法多工。那是一種錯覺**。

這是許多人都會有的錯覺，而且當中存在著些許真實感。我以前會把多工寫在我的履歷表「特殊技能」欄內，直到讀到實際的研究，證明人無法真正地一心二用，我才開始懷疑自己的能力。有些動物的大腦可以多工，例如鴿子的大腦，在這種非常特別的技能上，人比不上鴿子。我們並非同時做好幾件事，而是迅速從一個任務切換至另一個，那是我們的「多工」形式。

先前我曾提到與談話有關的多工，當你

想要一面和朋友講話、一面查看你的電子郵件，會不可避免地導致分心和降低親密感。但我們試著同時進行多項任務的主要原因，是因為我們相信這麼做更有效率，最終能提升我們的生產力。當越來越執迷於超高生產力，也會越來越相信我們能夠多工，而且多工能幫助我們在更少的時間內完成更多事情。

事實是，如果神經科學可信的話，在任何情況下，其結果都正好完全相反。從接二連三的研究中，發現當我們從某個活動切換到另一個活動，而不僅僅是重複相同的活動時，將更慢完成任務。[1]換句話說，如果關掉每個瀏覽器標籤、讓手機靜音和關閉電子郵件信箱，你會在大幅縮短的時間內寫完你的備忘錄。

來回切換任務是沒有效率的事。切換過去的任務越複雜，大腦便需要越長的時間來適應。其累積的代價相當高，因此美國心理學會（American Psychological Association）建議我們「選擇提升（我們的大腦）效率的策略：最重要的是避免多工，尤其在進行複雜的任務時。」

對於像我這樣長年不只同時做兩件事，甚至做三、四件事的人，還有更糟的消息。研究顯示，自認為是「重度多工者」的人，更拙於分辨有用的資訊和不相干的細節。他

---

* 譯註：美國歌曲作者和唱片製作人。

們在心智上往往也比較缺乏組織（那裡亂成一團），並且更難從一個任務切換到另一個任務，而非更容易。實行多工使我們更不完美。

以下是最壞的消息：「重度多工者」即使在不進行多工時，同樣會有分辨資訊和組織思路的困難。[2]這表示，重複強迫你的大腦，去做不在它設計中的事，可能真的會對你的灰質造成損傷。史丹佛大學心理學家克里福德．納斯（Clifford Nass）告訴美國國家公共廣播電臺（NPR），進行多工的人「在大多數類型的思考中都表現得比較差，不僅只多工時需要的思考，還包括通常涉及深度思考的思考」，納斯說，「他們的認知過程受到損害。」

不過，以下是個難題：女性可能的確比男性更擅長多工。這種微妙的差別正是我喜歡科學的原因：女性並不善於多工，她們只是通常比男性更拿手。在瑞士進行的一項有趣實驗顯示，雌激素可能幫助女性大腦更妥善地處理快速的任務切換。

要記得我們不是在談複雜的活動。研究人員要求實驗參與者走跑步機，同時辨別某些字的印刷色彩。六十歲以下女性的表現優於男性，以及六十歲以上的女性。當年長女性和男性被要求集中注意力在分派的任務時，他們擺動手臂的協調性變差，而這種動作是我們鮮少有意識去想到的事。右手臂的動作明顯地變慢，值得注意的是控制右手臂的腦區前額葉皮質，也涉及負責對文字和顏色進行分類。研究人員注意到雌激素受體可能也位於該腦區，而沒有雌激素或許解釋了男性和停經女性在表現上的差異。

當然，這些是暗示性而非決定性的結果。我們可以將這項研究合併到另一項探討性別差異的研究，當中包含了在俄羅斯所做的實驗。科學家讓一百四十個人接受若干相對簡單的認知測試，全都與切換任務和專注力有關，結果發現女性在處理多重任務時消耗較少的腦力。研究的作者之一斯韋特蘭娜・庫普索瓦（Svetlana Kuptsova）說，結果「顯示女性比男性更輕鬆地切換注意力，相較於男性大腦，她們的大腦不需要動用額外的資源」[3]。

所以事涉簡單的任務時（請注意：寫電子郵件、講電話和查看你的社群媒體並非簡單的任務），女性可能比男性更擅長來回切換。如果你想同時做兩件不複雜的事，例如邊講電話、邊摺衣服，神經科學家確實不會嚴厲予以責難。但是，這是一個大大的但是，一說到比較複雜的任務，包括我們工作中所做的大多數事情，並沒有證據證明女性更擅長多工，但有大量證據顯示，設法同時做好幾項任務，對你的大腦真的很不好。

多工的問題之所以牽扯到性別，是因為在我的經驗中，女性比較可能自認為擅長多工，因此更容易同時做太多件事情。所以讓我再加一條資料到這個討論中：由於女性相信多工不僅是辦得到的事，而且可以增加生產力，因此可能受到更多傷害。

社會學家芭芭拉・施耐德（Barbara Schneider）和她的同事想要弄清楚，多工是否對大數人造成壓力。她發現男性更可能認為多工是令人愉快的事，但也比較少這麼做。女性報告說她們每週有將近五十個小時，同時執行多項任務並感到壓力。在設法多工時，感受到最大壓力的群組是媽媽們。

男性說在他們下班回家途中感到放鬆，女性則有相反的感覺。有些女性甚至稱下班後的時間為「砒霜時間」。「因為她們得開始擔心的第一件事是準備晚餐、和孩子互動，還有處理家中大大小小需要完成的雜務。」[4] 施耐德告訴美國國家公共廣播電臺。這項研究清楚顯示女性在走進家門時，壓力隨之增加，知道她們不僅得持續回應工作上的電子郵件，還必須在本該是避風港的地方處理個人行政責任。她們可能在心裡瀏覽著需要完成的任務清單，然後才能開始真正放鬆。

即使在工作中，女性往往給自己較大的壓力。蠱惑網路公司（Captivate Network）蒐集到的資訊顯示，男性在工作時休息「放鬆一下」的比率，比女性多出三五％。男性也比較可能外出吃午餐、散步以及在工作時間做個人的事。卡珊卓報告（Cassandra Report）機構的主任梅萊妮·施雷弗勒（Melanie Shreffler）告訴《富比士》（*Forbes*）雜誌：「這些女性在學校和大學裡拼命努力，然後進入職場，她們實在累壞了。」[5]

所以如果性別差異存在的話，可能比較無關乎生物學，更多是關係到女性不願意放鬆，加上在家裡和職場得做更多工作的社會壓力。

雖說女性已經工作了數千年，但她們首度開始湧入職場是在一九七〇年代。那個年代常被稱作「寧靜革命」(Quiet Revolution)，而且將近半個世紀後，這個革命仍在進行中。不僅構成七〇年代大學課堂上女性居多（現在女性大學畢業生的人數多過男性大學畢業生），也開始就職於一度幾乎為男性專屬的領域，例如法律、醫學和工程學。

女性從事需要長時間不在家的工作。當孩子出生後，她們開始拒絕辭掉工作，以及拒絕每當孩子生病時便提早下班。在工業化國家，許多人開始警告「鑰匙世代」的危險，此事並非偶然。人們稱那個世代的孩子為X世代兒童，在一九六一至一九八一年間出生，我也是其中一個。

到了一九九四年，十一歲以下的兒童，他們的母親超過一半在職場工作，許多人認定這是一件危險的事。經濟學家席爾薇亞・休依特（Sylvia Hewitt）在一九九一年寫了《當大樹枝斷裂時：忽略我們的孩子所需付出的代價》(*When the Bough Breaks: The Cost of Neglecting Our Children*)，書中說道：「被忽略的孩子，可能成為我們社會的弊病。」

這個「鑰匙危機」變成美國舉國的公憤。政治與媒體界羞辱擁有全職工作的女性，宣稱她們的自私危害了一整個世代的幸福。結果許多在職者女性縮短她們的工作時間或乾脆離職，其中大多數都是媽媽。

一九九〇年代，社會學家霍奇查爾德研究一家名列財星五百大企業（Fortune 500）

的公司，該公司以其進步的工作政策而自豪，旨在促進員工工作與家庭生活的平衡，讓他們有大量的時間陪伴家人。她依據對該公司的觀察，寫成了《時間困境》（*The Time Bind*），第一章描述在公關部門任職的格溫．貝爾（Gwen Bell）的家庭生活。儘管在行政部門任職的男性，驕傲地吹噓自己是「六十四小時男人」（以他們每週的工作時數命名），「格溫的故事更像情境喜劇：忘記去購物，回家後發現冰箱裡只有枯萎的萵苣和一罐橄欖，這些故事以一種絕望與興味的精神被述說。」[6]

格溫如同她的許多同事，都明白他們可以上彈性工時的班，或要求較短的工時。然而有一個沒有明說的假設，預設工作時數較少的人等於沒為公司奉獻，或者無意於升遷。霍奇查爾德研究中概述的幾乎每個案例，家庭生活全都讓位給工作。「我們越依附於工作的世界，」這位社會學家做出結論，「它的截止期限、週期循環、暫停和中斷，越是塑造著我們的生活，並且有越來越多的家庭時間被迫用來容納工作的壓力。」

持平而論，該公司極少員工最終利用了公司所提供的權益，來增進工作與家庭生活的平衡，這在霍奇查爾德的研究中是一大驚奇。舉例來說，只有一位男性選擇使用他的育嬰假，而且不到三%的有幼兒的員工選擇從事兼職的工作。

在許多國家，每當發生與孩子有關的事，多半是由母親而非父親調整工作行事曆，來應付孩子的需求。雖然情況已經開始改變，但處理照料孩子的危機，絕大多數的責任仍然落在母親身上。

研究顯示當男性在照料子女時，他們時常從事比較有樂趣的活動，例如帶孩子去看足球比賽，而媽媽們往往做更多的清潔工作、烹飪和後勤管理。男性的雜務清單時常包含偶爾為之的事務，例如給車子換機油或割草。而媽媽的典型清單則包含幾乎每天都需要完成的任務。

在一個明理的世界，人們對於父母親的期望（尤其是母親）會下降，畢竟他們得花費四十或更多個小時在工作上而非在家裡。然而構成稱職父母親的標準卻反倒上升了（至少在勞動階級）。在一篇名叫〈為何大家這麼忙碌？〉（Why Is Everyone So Busy?）的文章中，《經濟學人》的專職撰稿者注意到：「女性就業率的提升的同時，所謂稱職父母親的標準，至少是好媽媽的標準，也同時地陡然上升。」

從盒子裡直接拿出來的通心麵和起司已經不夠好。它必須是從Pinterest找來的食譜，使用有機食材，能保證維護你孩子的大腦健康。你必須自己研磨咖啡豆、使用無雙酚BPA的塑膠、監督孩子的上網，還有和你的孩子一起製作可愛的影片，在社群媒體上分享。

父母親有太多的事情要做。許多媽媽相信她們能用解決辦公室問題的方法，來解決家裡的問題，而且決定要做得更多。她們受到職場裡的效率和生產力訴求所影響，開始將這些價值觀帶進家庭生活中。更多的時數意味著更高的品質，不是嗎？所以在孩子身上投入更多時間，會就造更快樂、更聰明、更成功的小孩。再也沒有鑰匙兒童了。一九八六至二〇〇六年期間，說隨時受到監督的兒童數量倍增。

雖然女性就業的人數創下紀錄，但所謂的直升機父母開始遍及全美國。「直升機父母」（helicoptering）這個用語，最早在一九六九年哈伊姆．吉諾特（Haim Ginott）博士的書《家長與青少年之間》（*Between Parent and Teenager*）被使用。那是一九六〇年代的問題，但這個問題近年來變得更嚴重，因為家長們努力想證明，工作不妨害他們成為稱職的父母。這時，有三〇%的工作招募者說他們見識過父母親替孩子交履歷表，還有十%的工作招募者，曾碰上替他們的成年孩子商議薪水和福利的父母。

表面上，直升機父母似乎違反效率原則。因為這種教養方式需要父母親投入更多時間和精力。為何對效率上癮的人，要花**更多**的時間來做某件事？

然而，過度教養的目的是為了保證養出健康且成功的孩子。要讓孩子擁有好的童年，端賴你的孩子所「需要」的項目清單和目錄。就生產力的角度而言，孩子是產品，而父母有時過度熱中於使這個產品成為市場上最好的產品。

效率崇拜建立在相信遵循某種嚴格的活動行程安排，便能改善你的生活。在教養子女時，這種嚴格的行程安排通常包括參加團體辯論和體操練習、上鋼琴課，吃有機的蘋果醬和穿最好的跑鞋。這也涉及為你的孩子打仗，以及清除可能拖延他們或使他們速度變慢的障礙。

西維吉尼亞州有一對父母對女兒的學校提出控告，因為她遲交生物作業而得到F的成績。越來越多的大學教授說，有父母親為了爭論孩子的成績而跟他們連絡。有些父母還會打電話及時叫醒他們上大學的孩子，以免上課遲到。

有一位教三年級的老師說出她與某個學生媽媽互動的故事：「（她）在我獨自一人的時候進到我的辦公室，並且想用肢體威脅我更改她孩子的年級。我拿出成績簿給她看，提醒她我一直都試著告訴她，她的女兒不符合成績標準，結果她拿走我的成績簿，放進（她的）袋子裡，我尾隨在後，（她）走到樓下的校長辦公室，想要證明我錯了，幸好校長站在我這邊。但我與這位家長的關係從此惡化，這使得我很難教這個小女孩，她雖然甜美，但學不會閱讀。」[7]

替你的孩子寫讀書報告、為他們的成績討價還價，還有打電話給他們的老師，都需要付出一大堆精力和時間。可是我認為，這麼做並沒有完成父母親希望達成的目的。過度教養感覺好像是善用時間，但無法保證你的孩子能成功。大多數時候，正好適得其反。

現在有極大多數的大學生，大喊他們覺得吃不消。直升機父母的小孩更加容易經歷沮喪，而且高度結構化的童年與缺乏執行能力之間有非常大的關聯。直升機父母的小孩往往難以培養出自恃自立和百折不撓的韌性。

我認為過度教養是錯誤策略的典型例子。這種情況發生在家長決心以他們所相信最有效率的方法，來確保孩子的未來：查看「美好童年」列表。可惜這麼做只是在浪費時間和精力。你為了完成某事而投入精力，卻發現達成了正好相反的結果。你非但沒有培養出一個成功的成年人，反倒更可能使你的孩子無法為成年期得面對的壓力和責任做好準備。

這種討論常常變成和性別有關，因為差不多在每個工業化的國家，女性都承擔了超大比例的孩童照料責任。性別也影響了幾乎每一種關乎工時和生產力的討論。

許多人相信男女之間的薪資差距，可以用男性的工時較長做解釋。至少在美國的情況如此，男性的上班時間每週約比女性多出四十分鐘。[8]如果在這個計算中只包含全職工作者，那麼根據美國勞工部的資料，男性每天約工作八點二個小時，而女性七點八個小時。不過別忘了，男性更可能在工作期間休息和外出吃午餐。

倘若我們只比較工作習慣，可能會相信男性比女性更執迷於效率和生產力，我們可能斷定男性比女性更加受到想要持續進步的壓力所影響。但如果我們考慮整體的情況，便明白這是不正確的。女性報告說她們每天至少花費額外的半個小時做家事，無論她們有沒有小孩。

如果再加上女性花在做雜務的額外時間，性別的差異便消失了。事實上，根據美國勞工統計局（U.S. Bureau of Labor Statistics）的說法，在職的媽媽每天比爸爸多花八十分鐘照料孩子和家人，而爸爸通常比媽媽多花將近五十分鐘看電視，或從事其他有樂趣的活動。

現在有令人振奮的進步。目前的研究顯示，男性比以前多做一倍的家事，但女性仍然包下大部分的家庭責任和照料孩子的任務。換句話說，男性平均而言做了更多的事，但依舊比不上他們的配偶。

女性為了完成工作與家庭之間所有指派的責任，加強了她們相信在工作上幫助她們有效率的技巧，例如同時執行多項任務和嚴格的排程、核對清單和開會，以及嚴加控制在下班時間參與的社交活動數量。

有趣的是，我在此討論的許多改變，大量發生在印度。資訊技術工作在印度快速成長，加上人們對於資訊技術中心的新期待是每週七天、每天二十四小時不停的營運和回應，已經對所有勞工造成極大的壓力。單親父母的數量持續增加，而核心家庭大半在消失中，因此工作與生活的平衡變成了重要的事。

二〇一〇年由印度安那大學（Anna University）兩名研究者所做的研究發現，不同性別之間處理增加的工作壓力的差異。當公司制定政策以加強工作與生活的平衡時，男性顯然因此更加受益和減少更多的壓力。如同報告所說：「男性在工作上獲得更多成就時會覺得更滿意，即使付出忽略家庭的代價。」[9]

女性沒有想到額外的壓力加諸她們身上，即使她們確實天生對於照料孩子和家庭有更強烈的責任感，但我們不可能分辨，當中有多少是與生俱來的本能，有多少是許多世紀以來，性別化的期待所造成的結果。不過最終的結果是，女性在沉重的期待下掙扎，而且對她們來說，休息或者從事可能會緩解壓力的嗜好，是比較難以接受的事。

有一篇《紐約時報》的報導用以下這個毫無遮掩的句子做為開場，談到「母職懲罰」(motherhood penalty)：「女性所能做的最糟糕的職涯決定是生小孩。」[10]即使研究者控制住教育程度、資歷和工時條件。平均而言，女性在生小孩後收入減少四%，而男性通常上升六%。

媽媽也比較不容易被雇用和被認為能勝任工作，但在爸爸身上，這個偏見擺盪到另一方向。一名社會學家在康乃爾大學做實驗，當中研究人員寄出數以百計的假履歷給真雇主。所有這些履歷都一模一樣，除了某些履歷說某位求職者隸屬於某個家長教師會，暗示那人是家長。

當爸爸的人比沒有孩子的男人更容易被召回加班，而媽媽被召回加班的機會下降一半。另一項相關研究顯示，相較於其他應徵者，提議給媽媽的薪水最低：比沒有子女的女性少一萬一千美元，比爸爸少一萬三千美元。

難怪女性得想出應付工作和家庭的對策，拼命設法滿足加諸她們身上的過大期待。職業婦女平均而言做更多的工作（而且是比較無趣的工作），領較少的薪水和獲得較少的讚美。再者，當她們抱怨覺得精疲力竭時，人們便會叫她們要「挺身而進」。

讓我向你保證，我一向很容易行程過滿，就像其他父母親，免得聽起來像只談一般女性，而不關我的事。在我兒子的大半輩子人生中，我是個單親媽媽，當時我下定決心要確保他有個幸福童年，無論我的收入和家庭地位如何。

結束工作時我會匆匆趕回家，懷著內疚，因為我必須待到很晚，料理記者招待會。我會去課後照顧中心接他，然後衝去圖書館進行說故事時間，或者到交響樂廳參加兒童音樂會。我用一張圖表紀錄他的行為，如果他整天表現得有禮貌或者在晚餐之前做完回家功課，我就給他一顆星作為獎賞。我在家有一堆工作要做，包括寫腳本、剪接訪談的錄音，但得等我兒子上床睡覺後才進行。那時我每天平均睡五個小時。

某次週末，當我打包好野餐便當，並將我們的腳踏車裝進車子裡，我問兒子，去過公園後他想要做什麼。「我們可以不去嗎？」他問。

我真的非常驚訝。所有這些博物館和科學中心的行程，都是為了他好，不是為了我。在我累得要命的時候，我仍然面帶微笑，拖著沉重的身軀去動物園，好讓他能夠接受刺激，而不是待在家裡無所事事。

不過當他拒絕時，我忽然有所領悟。我努力想確保他沒有因為我的長工時而受苦，但卻也逼他也投入大量時間。

「我只想什麼也不做，」他說，「坐著玩我的機器人。」

我兒子已經不記得那次的想法交流，但我記得清清楚楚。這對我是一記警鐘，明白我關心我的任務清單，勝過關心兒子的心情。那整個週末，我們待在家裡看電影、吃爆米花和玩棋盤遊戲。

說到執迷於生產力和效率，我傾向於相信整體而言，女性比男性更加執迷。女性被期待要多工，這是一種會增加壓力的習慣，而且最終傷害到一個人的認知能力。她們在家時往往是管理者，記錄衛生紙和洗衣劑的存量，安排約診和理髮，從事太常不被注意的勞動，例如清空洗碗機和摺衣服。女性甚至被期待成為在工作上關懷別人的人，無論她們有沒有小孩。女性不成比例地被期待要記住生日和辦派對，舉例來說，或者要記得替休息室補充咖啡。

可惜的是，我們為了克服一長串的責任，所使用的許多策略卻造成反效果。我們可能以為限制參與社交活動的數量，是在照顧我們自己，但在家裡花三個小時回覆電子郵件和瀏覽社群媒體，並無法讓我們的大腦或身體放鬆。事實上，這些活動造成相當大的壓力。去咖啡店和朋友聊個幾小時，會讓你感覺消除疲勞和提振精神，但你花在上網瀏覽的時間，卻會消耗大腦能量和資源。

由於疲累，我們往往加重了起初使我們精疲力盡的習慣：使用電子郵件而非電話、為了在上班之前做完事情而更早起床、購買新的生產力日誌，以及收聽保證「迅速消除你的焦慮」的播客節目。

我想要表明自己並非在指責女性，說：「你做的事情是錯的。」老天一定知道，我們最不需要的就是進一步被羞辱和責備。當我談到過度規劃和固執地追求終極效率與生產力的女性，我在說的是我自己，而且我已經夠吃不消。我不需要任何人告訴我，我必須再多做些什麼事。

我們的習慣和策略以及「挺身而進」並沒有錯，錯的是我們往往看不見我們想要達成的目標，而只是專注於完成我們的待辦事項。我們自豪的不是達成的終極目的，而是我們對自己有多麼嚴厲，以及在一天之內完成了多少任務。我問一位朋友週末過得如何，她回答說很棒，接著說出一長串她完成的事情。「我只剩下一件事還沒做完，」她發出歡呼，「而且今天晚上我就能搞定。我幾乎是零待辦事項。」

我們所有的人，不分男女，都容易面臨一種不自然的壓力，被迫不停地更努力工作和做得更好。我們全被困在一個要求不停提升效率的體制中。這對每個人來說都不輕鬆，而且沒有人能逃脫。大家都得在週末、生病在家或度假時查看電子郵件。

然而我相信，這個體制對於女性的要求高過男性。一般而言，男性將家視為用來放鬆的地方，並期待工作日的結束，可是對許多女性來說，家是比職場更複雜和緊張的地方。二〇一二年的一項研究發現，在職的媽媽比起待在家的媽媽壓力較小，而且相較於兼職或無業的女性，在職媽媽的身心更健康。因此家並不是女性的避難所。[11]

所以我要給女性的建議是：對自己更好一些。長時間工作不太可能讓你的薪水三級跳，只會損害你的健康。在下班時間回覆電子郵件，對你的生活造成的不良影響，比你知道的還嚴重。還有頂部糖霜塗得一塌糊塗的杯子蛋糕，與遵照YouTube烘焙教學、精心裝飾的杯子蛋糕，一樣好吃。

現存的薪資與升遷的不平等，不是因為女性的工作量不足，而是許多世紀以來的歧視與偏見所造成的結果。爸爸比媽媽更受尊重，你無法靠著每週工作五十個小時，或者寫生產力日誌來改變這件事，因為真正的改變需要從新的政策和程序著手。

男性和女性都需要走下那部讓我們哪裡也去不了的跑步機，但對女性來說，這種急迫性更強烈。姊妹們，大家挺身而出吧。

第七章

我們為了工作而活？

約翰・甘迺迪（John Kennedy）競選總統期間，
有天站在西維吉尼亞州某座煤礦坑外，
和走出礦坑被煤灰弄黑臉的礦工握手。
其中某位礦工停下腳步，對甘迺迪說：
「我知道你這輩子從不需要工作。」甘迺迪承認那是真的。
「你什麼也沒錯過。」那名礦工面無表情地回答。

——傑克・格雷姆（Jack Graham）*，《屬神的人：每個人生活中最優先考量的事》（*A Man of God: Essential Priorities for Every Man's Life*），二〇〇七年

某天晚上的韓國烤肉會上，我向一位朋友說明我正在寫一本鼓勵人們欣然接受閒逸的書。「噢，我的天。」她回答，「我討厭懶惰鬼。」

不，不是這樣的，我連忙回應，懶惰不等同於懶散。我解釋，我們已經變得太依附於工作，而對工作過度上癮，所以我們需要用一些閒逸的活動來平衡我們的生活，例如閒坐在門廊上或者跟鄰居聊天。

「我討厭那種事。」她回答，噘著嘴表示憎惡。

「我喜歡工作。我無法忍受呆坐著。工作使我快樂。」

順便一提，這位女士是我認識的人當中最明智、令人愉快和有才

能的人之一。她並非是個例外。過去幾年來，我跟朋友和陌生人有過許多次這種談話，我經常得到某種版本的「可是我喜歡工作」的反應。

對我來說，問題不在於人們是否喜歡他們的工作，而是他們是否需要工作。那是驅使我進行研究的問題，是我問了全國好幾百個人的問題，也是本書的根本問題：工作是有必要的嗎？

許多人大概會生氣且憤慨地不贊同我接下的論述：人類不需要為了快樂而工作。在歷史時間的此刻，這個主張幾乎具有破壞性。工作是有用人生的核心事物，如此的假定是構成人類道德觀的重大基礎，以致於我彷彿是在質疑呼吸或者吃東西和睡覺之必要。

然而當我檢視大量研究，探究什麼東西有益於全人類，以及什麼東西是全人類所不可或缺時，我注意我們對工作所做的假定的漏洞。這致使我提出一些尖銳的問題，質疑為何大多數人相信除非投身工作，否則不是完整的人。

請注意，我指的「工作」不是我們為了確保生存而從事的活動：找尋食物、水或遮蔽處。我指的是為了獲得確保生存之外的任何東西，或者為了生產貢獻社會所從事的勞動，是我們用以交換報酬的事物。

* 譯註：德州普雷斯頓伍德浸信會牧師。

我們世世代代被告知，工作是我們的人生目的。宗教領袖往往告訴信眾，這輩子的勞動使你贏得下輩子的休息，因此閒散必須推遲到死後再開始。事實上，西方世界的工作倫理經常與信仰掛鉤在一起，特別是在美國。

一九〇一年，英國國教的麻薩諸塞州主教告訴教區信眾：「追求和賺取財富是自然、精力充沛和堅強性格的跡象。」（順便一提，他是銀行家約翰・摩根〔J. P. Morgan〕的好朋友。在主教說出這些話時，摩根幫助他的教會募得五百萬美元。）

從幾個世紀前到現在，新教信仰一直大力宣揚工作美德，以及閒散的可恥，即使只是暫時的發懶。這種強調如此根植於我們的心理，以致研究顯示因失業所造成的情感創傷，實際上對新教徒來說更加嚴重四〇%。

經濟學教授達維德・坎托尼（Davide Cantoni）研究這個現象並得到結論：信仰新教雖然不會使你變得更富有，但錢似乎不是重點。「工作變成本身的目的。」[1] 坎托尼表示。

這種想法獲得其他研究者的印證。賓夕法尼亞州大學教授亞力珊德拉・米歇爾（Alexandra Michel）說，人們投入長時間工作不是為了「獎賞、懲罰或義務」，而是因為「如果喪失了這個驅動的結構，許多人會產生存在的失落感——即使這個結構所帶來的好處不成比例，而且就身體或心理的角度而言也不健康」[2]。

這可能是主張生物強制性的一個有力論點，亦即我們想要工作的欲望是與生俱來的，而且超越與金錢報酬有關的其他考量。那確實是我們在工業化世界傳承給後代的一種傾向。在《華盛頓郵報》（*Washington Post*）的某篇文章中，史密斯學院（Smith College）的瑞秋・西蒙斯（Rachel Simmons）說到一位大二生曾經告訴她：「我無法停止工作。如果我不做任何事，會感覺好像做錯了什麼。」所有這些證據在在使我們相信，工作不是一種選擇，而是一種需求。[3]

有人甚至提出一種具有說服力的論點，說人類無法忍受閒散。奚凱元（Christopher Hsee）和他的同事進行了一系列的研究，當中他們提供人們做點什麼事和什麼也不做的選項，結果發現人們在做點什麼事的時候，感覺比較舒服。這份報告進一步大膽推論：「閒散是潛在有害的事。」[4]

那麼讓我們來思考一下。工作是否是人類想要快樂不可或缺的事？我們之所以工作過度，是否因為不這樣麼做就是不健康的？

無疑的，許多文化都鄙視在鄰居辛苦工作時閒散度日的人。伊索寓言中關於蚱蜢和螞蟻的警世故事，目的是為了告誡我們，如果我們花太多的時間玩樂，我們只有死路一條。在大多數人眼中，懶惰是沒有吸引力的特質，而且我們給予懶人種種貶義的名稱：遊手好閒者、懶漢、偷懶的人、懶鬼、廢物。

有一些非常聰明的思想家，他們相信工作是賦予我們生命意義的東西，因為如果沒有工作，我們便一事無成，無法留名青史。如果沒有工作，我們可能會死，而且彷彿不曾活過。想留下持久的遺產是演化的動力，因此這個論點可能相當具有說服力。伊隆・馬斯克（Elon Musk）曾經納悶沒有工作的人，要如何發現意義。「許多人從工作中獲得意義，」他提出告誡，「如果你不被需要，那活著有什麼意義呢？你是否覺得自己沒用處？」[5]

看來他的問題的答案是肯定的。近年來在美國，過了退休年齡仍在工作的人數增加了將近三五%。十分之一的嬰兒潮世代說他們從來不打算要退休。

不消說，這種趨勢有實際的解釋。在大多數國家，平均壽命已經提升，所以老年人需要更多的錢來支撐他們度過退休後的幾十年。還有，二十世紀初期的全球經濟衰退，消蝕掉無數老年人的積蓄，迫使許多人重返職場。

但這麼多人決定繼續工作的背後，有更深層、較難觸及的理由。如同安・布雷維夫（Ann Brenoff）在《哈芬登郵報》（*HuffPost*）上所寫：「我不知道要**如何**退休。從沒想過要如何退休是需要學習或教授的事，或許有這個需要……當鬧鐘不再每天早上響起時，（我）該怎麼辦？」[6]

這是許多後二次大戰世代，當前面臨的生存危機。他們的人生以工作為重心，他們的家和身分與他們賴以維生的工作綁在一起。所以當定義你身分的特性消失時，你的身分會如何？嬰兒潮世代以其工作倫理而聞名，想要持續領先的衝勁，數十年來激勵著他們。當這股衝勁突然打入空檔，會發生什麼事？

「你是幹哪行的？」儘管難以回答，但這確實在美國是最常被問的問題之一。這個問題在其他許多國家，會被認為粗魯無禮，卻往往是美國人在認識別人時想要知道的第一事，多半是因為知道某人的職業，更容易分類和分級他們。

職業與身分之間的關聯，可預期地要追溯到工業時代的開端。在那之前，人們更可能詢問的是某人的家世，而非他的工作。

如果在半個多世紀前，人們就告訴你，努力工作是愛國的行為，努力工作區分好人和可鄙的人，還有勞動是人們為了進入天堂，必須付出的部分義務。等到勞動生涯結束，而你的生活繼續下去，事情會如何？

不光只有年長者感覺到職場的水下逆流，他們肯定也不是唯一對失業感到不自在的人。許多人渴望工作，即便只是在度短假時，他們也對於沒有工作感到不自在，這一切都可視為工作是人類天生的需求的證據。

還有另一個合理的解釋，可以說明努力工作的重要性：努力工作才能求進步。當然，倘若沒有人投入麥爾坎·葛拉威爾（Malcolm Gladwell）所建議的一萬小時而成為專家，我們不會有偉大的科學或藝術成就。舉例來說，想像一下參與修建馬丘比丘（Machu Picchu）或萬里長城的工人、瑪麗·居里（Marie Curie）花費在實驗室的無數個小時，或者貝多芬在鋼琴前埋頭苦幹的幾十年時間。

就此觀點來看，努力工作是好事，因為那是改善你自己和周遭的人的生活唯一的方式。「努力工作是唯一的出路；」哈佛大學經濟學家理查・費里曼（Richard Freeman）建議，「有這麼多東西等著被學習、製造和改善，所以我們不應該浪費一丁點時間，彷彿活在伊甸園裡。孫子們，做一天和尚就撞一天鐘吧。」[7]

有重要的工作可做，確實能提振心情。事實上，由四百八十五個個別研究合組成的一項調查明確證實，喜歡自己的工作的人更可能擁有健康的身心。還有比起失業者或不喜歡自己的工作的人，他們較不容易感到焦慮和沮喪。由英國委託進行的研究也顯示，沒有工作造成的損害比有工作的壓力更嚴重。[8]在另一項研究中，社會學家莎拉・達馬斯克（Sarah Damaske）進行一項研究計畫，想確認有工作的人在工作時的壓力是否小於在家時。結果證明，人們在辦公室時通常更放鬆。達馬斯克在訪談中解釋，即便是工作中最急迫的事，所造成的壓力也比不上家中的危機。舉例來說，錯過截止期限，其傷害通常無法與家人去世相提並論。[9]

再者，達馬斯克說，我們在工作生活中總是有一個逃跑選項，這是我們在家中可能沒有的選項。「你仍然知道你可以辭職，可以找別的工作、你可以離開——離開你的老闆和拋開壞日子。」達馬斯克說。大多數人不會因為惱怒就遺棄家人，或者在舊家庭造成你的焦慮時，就去找新家庭。你與家人通常緊密相連，相反地你不受工作的束縛。

這些說法都具有說服力，但終究不能教人信服。在替工作是人類幸福不可或缺的說法辯護時，有人指向一項研究，這項研究顯示有目的感的人比較長壽。我認為這是不相干的論點，因為一個人的目的感不必然要與工作綁在一起。

舉例來說，待在家裡的父母親，也會有極其強烈的目的感。梵谷基本上是失業者，一生中僅賣出一幅畫作，然而無法成功賺錢從來沒有削弱他的目的感或獻身藝術的決心。

儘管如此，我們知道每多工作一年，罹患癡呆症的風險便下降三％。[10]失業對於個人心理也可能造成嚴重打擊，不只因為擔憂錢的問題（不過這對大多數人來說是重大問題）。即使控制住收入損失的變數，沒有工作也會在心理上造成傷害。在工業化的世界，許多人從工作中獲得自尊，工作賦予他們地位。感覺自己不被需要和無用，可能極具破壞性。

但這一切難道就意味著工作是基本的人類需求？我們需要有生產力的工作，以維持健康和活力？如果我們獲得食物、水、遮蔽處和衣物的供應，我們是否也需要工作才能過得好？

我的答案是否定的。我認為一份有意義的職業所帶來的好處，可能源自於我們的文化而非天性，所加諸的價值觀和重視。我認為失業之所以讓人感到有壓力，是因為大多數人靠著每月的薪水過活，還有當我們沒有一個工作頭銜時，我們會在家人和朋友之間失去地位。

我打從心裡相信，工作是用來滿足需求的一種手段，但本身不是一種需求。試想一下這個由神經科學家妮可・格拉瓦那（Nicole Gravagna）所認定、經過更新的人類需求表：[11]

1. 食物
2. 水
3. 遮蔽處
4. 睡眠
5. 人際關係
6. 新奇

大多數人需要工作一定的時數來獲得前三項，但這六項之中，沒有任何一項非得靠勞動來取得不可。

許多已經卸下工作需求的人，他們並不比我們其他人更不健康。不工作的人不一定更容易濫用酒精或離婚。相較於全職工作者，他們的死亡風險也沒有更高。畢竟，梭羅之所以死於結核病，並不是因為他選擇在寧靜的湖畔小屋住上幾年。

我認為問題在於工作是否是必要的或者是好的。對絕大多數的人來說，這個問題沒有實際意義，因為為了生存，我們總是需要某種能賺錢的工作。真正的問題在於我們能否不工作而生存，我認為我們肯定可以。倘若我們明天繼承了兩千五百萬美元的財富，大多數人都會過得不錯，可以將餘生用來看電影和蒔花藝草。

如果絕大多數的人為了生存都必須工作幾個小時，那麼更貼切的問題是：我們是否必須儘量長時間地辛苦工作？歷史紀錄顯示，在工業革命之前，我們的工作日長短取決於手上任務的難易程度，而不是根據例如時鐘之類的武斷標準。歷史學家注意到，在製造業時代之前，我們的生活是在勞力密集時期（例如收成），與大量休息時間（例如收成後的慶祝）之間交替進行。

在大多數情況下，即使歷經過去的兩百年，這種模式因為少數幸運的自營工作者而保存下來。如果你細閱歷史文件，會發現十九和二十世紀最具生產力的其中一些人，每天僅工作大約四個小時。達爾文、柏格曼（Ingmar Bergman）*、狄更斯以及驚人多產的

* 譯註：已故知名瑞典電影導演，著名作品包括《第七封印》、《野草莓》與《假面》等。

數學家龐加萊（Henri Poincare），他們每天只工作一小部分的時間。

據聞藝術家卡拉瓦喬（Caravaggio）每次完成一幅畫作，就會連開一個月的宴會。福婁拜（Gustave Flaubert）在寫作《包法利夫人》（*Madame Bovary*）時，每天大約投入五個小時，其餘時間用來閱讀、陪家人散步、和母親聊天、享用一塊巧克力、抽菸斗和洗熱水澡。小說家湯瑪斯．曼（Thomas Mann）每天只大約寫作三個小時。試想一下在喬治亞理工學院（Georgia Tech）所做的螞蟻研究。那裡的科學家為了研究效率，花了許多小時觀察火蟻。畢竟，有什麼生物能比螞蟻更有組織、更有效率和生產力？研究人員期待發現忙碌的昆蟲群體，每個成員都在努力挖掘、搬運和工作。

但他們發現伊索寫出關於蚱蜢的寓言故事時，誤解了螞蟻。事實上，蟻群中只有一小群螞蟻負責大部分的工作，其餘的螞蟻閒在一旁讓出空間。如果有太多螞蟻擠進牠們工作的隧道，反而會妨礙牠們的行進。事實上，讓一些螞蟻專心挖掘，而其他螞蟻無所事事，能完成最多工作，同時消耗最少的能量。「如果你考量到消耗的能量，懶惰是最好的做法。」喬治亞理工學院物理學院教授丹尼爾．高德曼（Daniel Goldman）做出結論。[12]

我不是說你應該從火蟻那裡學到人生教訓，但我確實認為這證明了閒散是多麼自然且有效率的事，也是可以藉此評估一下我們的工作倫理有時會是多麼有害。我並非強調努力工作是有害的，而是執迷於努力工作是有害的。目前我們生活在一個光是活著不快樂，只有**做事**時才感到滿足的文化中。

維持這種指導原則會造成非預期的結果。一方面，它使我們比較沒有同理心。舉例來說，當新教徒被敦促要想到他們的工作時，他們的同理心立即下降。（別忘了，新教徒是最可能視努力工作為其本身報酬的人之一。）

我認為時時想著工作與同理心之間的關聯，需要做進一步的調查，因為我們現在隨身攜帶著信箱，隨時都想到工作。近來全世界的同理心衰退，有沒有可能至少有一部分是因為，我們的手機不停使我們想起工作的事？

不可否認，努力工作曾經幫助建立國家和全球經濟。我們很難不認為工業革是一個經濟上的成功，但相信工作不僅只是達成其他目標的手段，是一種誤導。愛默生（Ralph Waldo Emerson）* 曾說「美本身即是它存在的理由」，但勞動不是這樣。勞動需要一個理由。

有若干行業曾實驗過縮短工時，並產生驚人的成果。二〇一八年，紐西蘭一家大型地產規劃公司決定進行縮減每週工作日的實驗。員工僅上四天班，但領五天的薪水。實驗結束時，發現領導力分數增加到兩倍數字，參與度也是。

* 譯註：美國思想家、詩人。

該公司員工說他們將工作與生活的平衡處理得更好，而壓力下降和動機提升的人數，增加達二六%。公司創辦人安德魯・巴恩斯（Andrew Barnes）決定使之成為永久政策。他告訴《紐西蘭先驅報》（*NZ Herald*），「我們沒有專注在正確的事情上。我們關注在工作天數，假定是天數產生了工作量，但這不必然都是真的。」[13] 巴恩斯發現，雖然工作時數易於追蹤且追蹤的成本低廉，但可能不是提供評估員工績效最好的測量方式。

我決定自己進行測試。看看自己能不能在更短的時數完成相同的工作量？整整一個月的時間，我在早上開始工作。每隔五十分鐘，稍事短暫的休息，或者去蹓狗或給植物澆水，讓自己與手上的任務之間拉開一點距離。並且讓手機保持靜音、關閉電子郵件信箱和瀏覽器上任何一個打開的標籤，以確保自己專注在我所做的事情。

我脫下手錶，並且用便利貼遮住電腦時鐘，這麼一來就不會知道已經過多少時間。我的用意是停止使用專斷的測量標準，也就是計算我在辦公桌前所花費的小時數，而變得與我的內在時鐘更合拍。

當我發覺自己難以專注和變得煩躁時，便離開辦公桌，找一個時鐘記下時間。三十天過後，總計我的工作時數。在大多數的日子，我投入四小時十分鐘專注於工作。我最長的一段工作時間大約是六小時，最短的是兩個半小時。一般而言，我每個星期需要一整天的休息時間，有時是兩天，在這段時間內我不做任何工作，也不理會電子郵件。如果沒有獲得這樣的休息時間，我會難以專注且更容易分心。

我的樣本數雖然只有一個，不過這是一個可以在你的生活中進行的有用實驗。我向自己證明，不需要專注於工作四十至六十個小時。事實上，儘管工作時數銳減，但三十天結束時，我的生產力反而增加。平常的情況下，我每天大約寫一千字，回覆五十四封電子郵件和訊息，閱讀大約四百頁的研究。在我不看時鐘，只專注於任務直到再也無法集中注意力的期間，我每天寫出驚人的一千六百個字，閱讀大約五百五十頁的研究。我處理的電子郵件數量大約保持不變。

當然，有些行業不會從更少的工時獲得相同的好處。有一家名叫樹屋（Treehouse）的小型新創公司，在二〇一五年進行每週工作三十二個小時的實驗，隔年便放棄該項政策。事實上，到了二〇一六年，許多員工的工作時數達到每週六十個小時。在沒有進一步研究的情況下，我們無法得知為何較短的工時在某些公司行得通，而在其他公司卻行不通，然而我所發現的大多數報告都顯示，縮短工時不會造成生產力的損失，而且還能增進員工的情緒和身體健康。

重點是工作不必然總是好的和健康的。根據聯合國的資料，每年因工作而死亡的人數，多達因戰爭致死人數的兩倍，而且比吸毒和酒精致死的人數總和還多。

因此工作的好處，可能是因為已經被灌輸到我們腦中，使我們對閒逸狀態感到羞愧的信條。在工作時感覺更良好，那是因為社會告訴我們，我們應該在不工作時感覺不舒服。

這就像是你長年聽說爆米花是有益健康的食品，而且正派的人會大量食用，於是你只吃爆米花，結果就生病了。我們被告知，為了生活我們需要工作，工作絕對錯不了，所以我們就工作過度。

如果太多的工作會造成傷害，這代表適量的閒逸可能是健康的，還有幸福的生活必須在勞動與空暇之間保持平衡，這是「閒逸理論」(Idle Theory)的概述。閒逸理論假定，我們因為工作過於努力而使自己變衰弱，因此比較懶惰的生物擁有演化上的優勢。

當然，每種生物想要存活下來，都得做些事。根據閒逸理論，以最少的工作量滿足其生存需要的生物，最有可能活下來。該理論最早的提倡者之一克里斯·戴維斯（Chris Davis）稱之為「最懶者生存」法則。

這呼應了一段常被誤認為出自比爾·蓋茲的古老引文，文中建議在需要完成一件棘手的工作時，最好去找最懶的人，因為他們會找出最輕鬆的方法來完成工作。其實這個觀點似乎最早是由一位名叫克拉倫斯·布萊契（Clarence Bleicher）的克萊斯勒（Chrysler）汽車主管提出來的。一九四七年他在參議院委員會面前作證，說：「懶人會找到簡單的辦法來做事。他可能不會多做，但他會找到簡單的方法來做事……這是我的經驗。」這個評論聽起來如此真確，因此流傳了半個世紀，還被認為出自於某幾位公司管理者，包括比爾．蓋茲在內。

閒逸理論認為，重視懶惰的價值不僅是有效的公司策略，也是可靠的發展策略。有人甚至說懶惰是許多創新的背後的潛在動機。「最早想到把帆安裝到船上的人，是想要避免划槳。不管是誰把犁套在牛身上，他是在尋求逃避挖土的方法。而利用瀑布碾磨穀物的人，討厭用石頭舂打。」[14] 弗雷德．葛拉茲奧在他二〇〇三年的書《吊床上的成功學》（*The Lazy Way to Success*）寫道。我們甚至可以說，工業革命肇始於一個蘇格蘭人，想到可以將織布機接上一部發動機，以免整天驅趕著馬兒繞圈圈。

達爾文相信生存是一場強者勝出的戰爭。如果你接受閒逸理論，那麼生存就是一場爭相閒逸的鬥爭，最成功者例如獅子，在激烈活動與懶洋洋躺在撒哈拉非洲太陽下之間取得平衡。

以此看法觀之，閒逸並不是不活動，也不是癱坐著無所事事。要記得漁夫在工作時往往一幅閒逸的模樣，廚師和保安人員也是。他們在工作時不活躍，而在下班時活躍。這也就是為什麼用閒逸當作懶惰的同義字是不正確的。

閒逸其實是不積極追求有利可圖的目標的時間。閒逸意味著你有空閒的時間。大量的科學研究證明閒逸對你有益，甚至還有許多臨床研究暗示閒逸與高智能的關聯。佛羅里達海灣岸大學（Florida Gulf Coast University）的研究發現了缺乏活動與更深刻的思考之間的關聯，儘管其樣本數非常小（只有六十名學生）。[15]

不過，這可能不是異常的發現。另有一項研究顯示，每週工作超過五十五個小時的人，在認知測試中的得分低於每週大約工作四十個小時的人。數十年的研究證明，當我們容許自己擁有大量的空閒時間，我們會越有創造力、洞察力而且通常越敏銳。[16]同樣有道理的是，當你回想起以往大量加班的時期，你認為那時會有合適的心情，進行有創意或者謹慎的思考嗎？

我認為大部分的科學觀點都顯示，一定程度的閒逸是人類大腦維持最佳運作狀態所需要的。雖然我們以為偉大的人物是努力工作的人，但其實當中許多人對於規劃休閒時間和完成工作是同樣的嚴謹。如同《用心休息》（*Rest: Why You Get More Done When You Work Less*）作者方洙正（Alex Soojung-Kim Pang）寫道：「達爾文和樂波，以及其他有創意和生產力的人物，他們並非捨棄閒暇而有所成就，他們正是因為閒暇而有所成就。」

隨著智慧型手機的使用越來越普及，其不幸的結果之一是殺死無聊。以往在空閒的時候，我們不時會體驗到某種程度的無聊，但近來鮮少感到無聊，比較年輕的世代幾乎不知道無聊一詞的意義。這不是一個好的發展，因為無聊是一種先天上豐富多產的心境。

我們確實不喜歡無聊。不過正因如此，而使無聊變得寶貴，因為當我們覺得無聊時，我們的大腦會受到強烈的刺激，從而找尋有意義的消遣。這時我們的思維不受指揮或控制，因此能自由地朝意想不到的方向移動。《無聊的價值》（*The Upside of Downtime: Why Boredom Is Good*）的作者心理學家珊迪・曼恩（Sandi Mann）說：「一旦你開始做白日夢，並允許你的心思漫遊，便開始進行超越意識和進入潛意識的思考。」[17]

當我們的心思被允許放鬆和休息時，它們便返回所謂的「預設網路」。這個腦區對我們最近接收到的所有新訊息進行分類，並設法將它放進我們已知的脈絡中。預設網路為學習、深刻的理解和想像力所不可或缺。如果我們的心思從不休息，便絕無機會漫遊到新方向。

同樣的，別誤以為休息是不活動。當心思在休息時，它仍然是活躍的。事實上，比起專注於任務時，它只減少使用五%的能量。進行受指揮的工作需要集中注意力，但沉思時則需要閒逸。

由於沉思是我們所從事最獨特的人類活動之一，是區分我們與我們的類人猿表親的其中一項能力，因此可以不嫌誇張地說，閒逸幫助我們更像人類。事實上，神經科學家強納森・斯莫爾伍德（Jonathan Smallwood）認為，做白日夢「可能是使人類有別於其他比較不複雜的動物的關鍵」[18]。

我希望從現在開始，你會發現必須將我們醒著的時間，全部投入有生產力的工作，是一種多麼危險的想法。太多的工作可能使我們脫離人性。當我們的心思處於閒逸狀態時，我們允許自己重新接通創意和再度進行沉思，這些是進步所不可或缺的兩項活動。

正因如此，所以我不相信工作是一種基本需求，儘管有意義的工作會帶來好處。倘若我們獲得了生存所需的一切，不被要求工作，我們一樣會過得很好。我們或許坐在自己版本的華爾登湖畔，深思著自然世界的一切，但我們不會因為生病而喪命。

然而，空暇似乎的確是一種需求，因為沒有空閒的時間，我們會生病。我們已經使工作與生活的平衡朝錯誤的方向傾斜。我們曾經認為長時間工作是困難的事，而困難對於靈魂是好事，所以工作得越多，會變成越好的人。這種想法曲解了人類的自然需求和能力。

曲解很適合用來描述我們為了工作而工作的信念，它曲解了人類最好和最具生產力的天賦。或許是時候了，我們該提醒自己，什麼是身為人類所擁有最獨特且神奇的事物，並且仔細思考我們如何以及為何拋棄這些特質。

第八章
普遍的人性

為何我們生而自由，卻死為奴隸？

——諾姆・杭士基（Noam Chomsky）

如果不需要為了生存而工作，那麼我們需要什麼？如果持續工作對於人類大腦是不健康的，那麼什麼是健康的？我不禁納悶，如果不確切知道什麼是好的，那麼瞭解正在做的事情對我有壞處有什麼意義？我需要的是如何照顧人類的指南，就像你養新寵物時讀的那些書。為了活得健康快樂，我需要什麼？這一連串新的疑問引領我接觸演化生物學最具爭議性的辯論之一。

差不多半個世紀前，語言學家、社會評論家、認知科學家暨哲學家諾姆・杭士基（Noam Chomsky），同意參加在荷蘭電視節目上舉行的現場辯論。在這場此後變得出名的對話中，杭士基花了大約九十分鐘與法國哲學家暨社會理論家米歇爾・傅柯（Michel Foucault）爭論不休。

兩人嘗試回答人類歷史上最持久的問題之一，也是我想知道的，關於我自己和同事的問題：有沒有一種共通的人類本質？是不是有些東西對所有的人類都是不好的，就像巧克力之於狗，或者那總是因人而異？有沒有某些特質和傾向是我們大家所共有的，或者我們完全是被文化和家庭所塑造？這是天性對上教養爭論中的核心問題，至今仍沒有決定性的答案。

杭士基是科學家，認知科學研究的奠基者之一，無怪乎他相信演化論和生物學幫助支配我們的行為。但傅柯相當藐視現代科學，視之為專家菁英們用來控制社會的另一種方法。他拒絕接受我們的行為受生物學約束的任何暗示。

杭士基和傅柯之間的辯論很快就轉進到政治領域，以及戰爭和壓迫的議題，然而我想鎖定在演化與人類本質的問題。自從一九七一年的那場辯論之後，我們已經得知更多有關DNA和心智運作的原理。

天性對上教養，至今依舊是尚未解決的問題，不過我們確實知道，杭士基比傅柯更正確。雖然我們無法將人類的全部行為解釋成生物學的產物，但我們能解釋其中一部分。如同杭士基在將近五十年前所說的：「有某種生物學傾向的不變基礎，是運用我們心智能力的憑藉。」[1]

如果目前的工作習慣正在剝奪我們的人性，至少我相信是這樣。還有如果現在必須回歸到對於人類而言自然和健康的狀態，那麼我們首先需要判定什麼對人類是自然和健康的。換句話說，對人類而言什麼是自然的環境？多少生產力是健康的，還有在到達何等程度時，對生產力的追求變成是有害的？

這是難以回答但重要的問題。如果我們的某些習慣對人類有害，那麼什麼樣的習慣對人類有利？要區分兩者，並非總是容易的事。再者，有些人例如傅柯，拒絕接受生物學決定了我們的選擇的想法。許多人對於共通的人類本質的概念有所掙扎，我們明白演化論多少有助於解釋狗和雞的行為，但拒絕將這個推理適用於人類，因為我們執著於自由意志的概念。

請記住，極少人主張我們所有的決定和人格特質，都可以透過顯微鏡來解釋。最終，情況不再是天性**對上**教養，而是天性**和**教養。你所做的事情，部分有生物學的基礎，部分是一種選擇，還有部分是兩者的結合。自然與行為科學教授傑佛瑞・斯徹洛斯（Jeffrey Schloss）說，我們應該「就核心趨勢，而非必然性」來思考這個問題。

斯徹洛斯當時正在為約翰・天普頓基金會（John Templeton Foundation）所贊助的一場精心安排的討論撰稿，主題是「演化能否解釋人性？」十幾名科學家和教授藉由提出這個重要的問題，來慶祝達爾文的兩百歲冥誕。演化生物學家大衛・威爾森（David Sloan Wilson）用隱喻增添詩意，他說人類像一件樂器：相同的基本天性，但演奏出無窮多變的曲調。

威爾森是《寫給每個人的演化論：達爾文的理論如何能改變我們對人生的看法》（*Evolution for Everyone: How Darwin's Theory Can Change the Way We Think About Our Lives*）的作者，也是演化生物學家和心理學家，他相信瞭解我們的生物根源，能幫助我們過著更好的生活，像他這樣的科家學，數量越來越多。

他的觀點有助於我瞭解我的天性，以及如何能擺脫壓力和焦慮。對我來說，這意味著為了得到健康和滿足，我能瞭解真正需要的東西以及沒有也行的東西。如果我們想要改變工作和玩樂的方式，帶給自己更多的幸福，這是至關重要的事。

不過我要提醒你注意：我們對於人類心智的瞭解，幾乎完全奠基在研究的基礎上，而這些研究往往有瑕疵，無法反映全體人類的生活。二〇〇八年的一項調查顯示，出現在頂尖心理學期刊的研究，所使用的研究對象幾乎全是西方人，而且將近七〇%是美國人。[2]

這表示關於全世界人類的研究，據以獲得的結論，是以其中幾%的人的回答作為基礎。當然，這不代表這種研究沒有助益，然而如果把更多樣化的人口含括進來，未來的研究將會更加全面。請注意，我們正涉入某些深邃的演化水域。別走開，因為這是一個迷人的領域，能幫助你更深刻地瞭解你的行為，就像它同樣幫助了我。

且讓我們回溯到幾百萬年前，當人類首度從我們的黑猩猩祖先分化出來時。我們沒有必要在這裡上複雜的史前歷史課，但其概要如下：大約在四百萬年前的非洲，我們從黑猩猩分化出來，開始用雙腳走路。不久之後，我們開始使用石製工具，但第一個真正的人類直到大約兩百萬年前才出現，時間加減個幾十萬年。

智人在許久之後才登場。地球各處曾經有過若干種人類，我們存在的歷史約為三十萬年。（就本書的主題而言，我樂於知道最古老的智人化石，被發現躺在一些石製的玩具旁）。換句話說，拿我們的三十萬年跟鱷魚相比，我們的歷史非常短，牠們約有兩億年的歷史。

三十萬年就演化的角度來看並不算長，因此為了瞭解我們自己和心智，探究人類歷史之外的歷史，回溯到我們的動物祖先會有幫助。或許瞭解我們與靈長類表親的共通和差異之處，能讓我們更瞭解自己的天性。

如果知道我們與現代的人猿和黑猩猩有多麼相似，可能會很驚訝。世界頂尖的靈長類動物學家弗蘭斯·德瓦爾（Frans de Waal）指出，「就像我們一樣，牠們會努力爭奪權力、享受性愛、需要安全感和愛、為了領土而殺戮，以及重視信任與合作。的確，我們使用手機和飛機，可是我們的心理構造依舊屬於群居性的靈長類。」

我們時常以為我們的科技成就，可證明我們迥異於黑猩猩表親，但擁有科技的歷史實際上只有大約十五萬年，只不過是演化時間軸線上的一個小點。這可能代表我們目前因科技造成的難題，僅止於成長期的疼痛。或許我們根本尚未學會如何與人工智慧分享空間，至少某些問題的產生，是因為科技的進展遠快於演化。

我們顯然有別於黑猩猩，舉例來說，我們烹煮食物以及在隱密的場所享受性愛。我們還發展出高階的語言，這是極其重要的區別。

人猿和黑猩猩是群居動物，如同人類，但不是使用精密的語言和字彙進行溝通。杭士基指出這是共通的人性的證據：所有人類都使用語言，還有世界上彼此沒有往來的兩個不同地區的人們，會創造出類似的語言結構。

我們天生的語言能力，也與我們心智的獨特運作方式交織在一起。有些生物學家相信，使用語言是我們能夠進行抽象推理的部分原因。換句話說，人類可能因為運用科學思考和問「為什麼」的能力而卓越特出。

或許我們之所以能思考例如時間和身分等抽象概念，是因為我們能夠使用複雜的詞彙來表達這些概念。我們不僅僅藉由觀察來學習，另一個人也可以透過語言，快速有效地向我們解釋如何使用鎚子或開車。語言已經讓我們以其他物種無法企及的方式向前邁進。

我們想將知識傳遞給其他人的欲望，可能是人類另一個有別於其他物種的特性。語言是我們成功的核心因素，或許也是智人仍然存活，而其他人種滅絕的最重要原因。某人發現了哪些蘑菇可以安全食用以及哪些不可以，他與別人分享這項訊息，從而有助於保全整個社群。

社群是這個脈絡下的重要詞彙，也是我首先聚焦於語言的理由，因為我們的工作習慣已經嚴重妨礙我們創造社群的能力。由於人類無法單獨存活而必須群居，所以語言是不可或缺的事物。

人類或許是地球上最優秀的溝通者，談話是我們的演化遺產和生物優勢。然而，我們演化使用聲音和耳朵來分享資訊，而非透過文字。一九六〇年時，全世界不到一半的人口會閱讀，然而在極短的時間內，我們已經嘗試用比較不先進或缺乏效率的溝通平台——文字，來取代最重要的溝通平台——說話。

聲音是被低估的驚人工具，它提供我們無法以其他方式接收的資料。耳朵的演化方式，專門為了幫助我們更聽得清楚別人的聲音，而我們的喉嚨、嘴巴和嘴唇也隨著時間演變，好讓我們更清楚地說話。我們演化成能對別人說話和聆聽別人說話。

等嬰兒長至四到六個月大的時候，他的父母能辨認出他的哭聲，以近乎百分之百的準確度區分他和其他孩子的哭聲。[3]這說明了人類的聲音多麼獨一無二和具有表達力。你是否曾經接到朋友的電話，只要一聽到他們開口說嗨，你便能馬上回答：「發生了什麼事？」

你立即感覺到他們心情不好，那是因為我們已經演化成能辨識出聲音中微小的情緒梯度。大腦研究顯示，我們能在別人開口說話後，不到五十毫秒內偵測，並開始加以處理，而且傳遞給彼此的大量資訊，是在潛意識下發送和接收。文字是有意識的溝通工具，無法傳達聲音能夠做到的部分，因為我們甚至意識不到缺漏的東西。

令人我困惑的是，我們藉由避免談話以尋求更有效率。可是運用聲音表達對人類而言是如此強而有力，而且幾乎在每種情況下都比文字更有效率。我猜想部分的原因是因為我們浪費時間在工作上，投入不必要的漫長時間，而導致忘記使用我們的聲音。以電子郵件和簡訊取代打電話，等於放棄利用我們的演化遺產。

耶魯大學的克勞斯（Michael Kraus）決定測試一下人類聲音的表達力。在其中一個實驗中，他要求參與者聆聽別人說出沒有上下文的相同七個單字的錄音。[4] 僅憑著聽陌生人說出例如「黃色」和「思想」等字，實驗參與者就能相當準確地猜出說話者的教育程度和職位高低。「至少最低限度上，人們是準確的」，克勞斯告訴波士頓國家公共廣播電臺新聞台（WBUR），「單憑來自全美各地的人說出的七個單字。」[5]

目前一般的辦公室員工每天發送和接收大約一百六十封電子郵件。關於選擇如何在智慧型手機上進行溝通，存在著矛盾的訊息，不過依據 eMarketer 公司最寬鬆的估計，我們每天大約花費五十五分鐘傳簡訊，以及用相同的時間講電話。[6]比起講電話，年輕人花更多時間傳簡訊，這大概不足為奇，而且我敢說大多數年紀較大的人也是如此。

然而，聲音對聲音的溝通一再證明比文字更有效率和明確，選擇用文字而非聲音進行溝通，可能造成許多失誤。還有另一個重要理由說明，我們對於使用簡訊和電子郵件的喜愛，可能另有潛在的問題。

研究顯示聲音使我們具有人味。近來有一項發人深思的研究，要求人們藉由兩種形式來瞭解別人的意見：書面文字和口頭語言。結果證明當人們讀到不同的意見，無論是從線上或報紙上，他們比較容易認為別人之所以不贊同，是因為他愚笨，不瞭解該議題的核心概念。

然而當聽到某人用自己的聲音解釋相同的意見時，我們比較容易認為他之所以不贊同，是因為他有不同的觀點和經驗。我們會在潛意識的層次上，依據別人藉以進行溝通的方式，來假定他們的人性。如果在線上閱讀部落格，我們傾向於認為作者比我們還沒有人味。聽到別人的聲音則有助於我們承認他們的人味，因此以有人情味的方式對待他們。

當你興奮時，你可能提高聲調，而當你試著表現慎重時，你的聲調可能會下降。研究報告說道，語調、節奏和呼吸的微小變化，「是活躍的心理生活存在的線索」。研究人員做出結論：文字無法提供指向訊息背後的人類心理的相同線索。因此，讀者可能會將作者去人性化的機率升高。

事實證明，真誠的人際關係在若干方面具有強大影響力。舉例來說，以握手開場的協商更容易成功地結束。同樣的，關於大腦活動的研究顯示，面對面的互動更有可能活化理解別人心態，或想像別人想法和情緒的相關腦區。理解別人的心態是同理心的神經基礎，而且科學家相信這是人類相當獨特的能力。

在一項嚴密控制的實驗中，當人們相信他們聽到是真人說話而非錄音時，研究者發現與想像別人想法和需求有關的腦區會被啟動。說白話文：如果你認為你正在聽某人對你說話，與同理心有關的腦區便會活躍起來，而你更容易感覺同情那個人。

這正是過度使用電子郵件和簡訊，是促進去人性化和仇恨的一大原因：我們需要的只不過是聆聽彼此的聲音。然而人們很難接受這件事。全世界的人已然相信電子郵件比電話更有效率、更便利而且更好。我們對電子郵件上癮，是執迷於效率和生產力的一個症狀。要叫人們放開電子郵件，有時比從狗嘴裡奪走骨頭還難。讓我用另一種或許更有說服力的方式說明：神經耦合。

二〇一一年，普林斯頓大學的科學家想著手查明人類大腦在進行溝通時，如何與其他人的大腦互動。他們讓某個學生說出她在高中班級舞會中大出糗的故事，然後要求其他十二個學生聽這段故事的錄音。[7]當這些學生在聽錄音時，他們被接上一部功能性磁振造影機。

研究人員發現聽同一故事的十二個學生的腦波，開始反映說故事者的腦波。當聽故事者投入時，他們大腦活動幾乎與說故事者的大腦活動一致。對我來說，這是讓人大為驚訝的結果，倘若它不是真的發生過，我會以為這是《星艦迷航記》（*Star Trek*）某一集的情節。

這種現象稱作說者—聽者神經耦合（speaker-listener neural coupling），或者簡單地說，「想法結合」。腦波在本質上是頭部的電脈衝。一個人的腦波為何能夠反映另一個人的腦波，對此我們沒有好的解釋，但它發生在我們密切傾聽時。在某些例子中，這種同步性十分強，以至於聽者的大腦能預料到說者的大腦在轉瞬間的變化。真是神奇！

那種同理的聯結無法藉由表情符號加以複製，從聲音中接收到無法傳進電子郵件附加檔案的訊息。電子郵件可能感覺起來更有效率和更輕鬆，因為當你在寫信時，你不必應付別人，但其效率多半只是錯覺。

我發現用簡訊取代語音，可能造成一些壓力和挫折。這是一個很好的例子，說明了瞭解我們的基本天性，便能提出明確實用的建議。人類透過聲音溝通時效果最好，所以減少使用電子郵件和簡訊有助於降低壓力。

即使某人有聽力障礙，溝通還是我們藉以形成社群，以及合作完成複雜任務的手段。因此這個主題引領我們直接進到另一個全人類共通的重要特質：需要歸屬感。

假使你是一位動物園管理者，負責替你的人類動物設計完美的圍欄，你很可能絕不會強迫他們獨居。我們是一個群居性的物種，而且需要彼此。靈長類動物學家德瓦爾這麼告訴我：「如果沒有群體，生存會很困難，因此歸屬於某個群體，對所有的靈長類來說都是極為優先的事。牠們會想盡辦法來融入群體和不被驅逐，後者就像被殺死一樣糟。」對我們的動物大腦而言，社交孤立等同於增加死亡的風險。

然而，想成為團體或部落的一分子的驅力，不僅止於簡單的防禦策略或數量優勢。我們有時會做出有利於他人的選擇，即便付出代價，而且我們與我們的動物近親共享這種慷慨的傾向。在某個實驗中，研究人員教導猴子拉鏈條，從而獲得食物。後來他們改變了設定，當某隻猴子拉鏈條時，機器會給這隻猴子一些食物，但也會電擊另一隻猴子。[8]

結果大多數的猴子不再拉鏈條。有些猴子挨餓好幾天，也不願意傷害隔壁籠子裡的猴子。科學家發現當猴子同住一個籠子時，這種本能變得更強烈。如果牠們不認識彼此，有三分之一的機率，比較不可能為了保護其他猴子而放棄食物。當牠們越來越親近時，保護鄰居的自然傾向隨之變得更強烈。我們和我們的類人猿表親一樣，具備這種保護的傾向。

人類也會自然地形成群體和社群，然後將社群的需求置於幾乎其他所有需求之上。在一九九五年的一份報告中，心理學家羅伊・鮑邁斯特（Roy Baumeister）和馬克・利里（Mark Leary）宣稱佛洛伊德錯了：性不是繼求生存之後最強烈的需求。「歸屬需求出現在食物、飢餓、安全和其他基本需求被滿足了之後；」他們寫道，「但是它們的優先地位高於自尊和自我實現。」[9]

一個人可能在罹患某種疾病，而歸屬需求得不到滿足時，才會將歸屬感視為一種基本需求。在這種情況下真的是如此，缺乏歸屬感和社交孤立對於人類身心的危害相當大。研究顯示擁有豐富的社交生活，使你比較不會罹患癌症或心臟病發作。隸屬於某個社群的人活得比較長壽、壓力較小，而且更可能表示他們過著有意義的生活。

寂寞可能導致健康不良和甚至死亡，而且事實證明，社交孤立的負面影響與我們的歸屬需求有關。這是個重要的需求，不僅因為無法滿足可能會產生危害，而一旦滿足了歸屬需求，好處非常大。試想一下二〇〇五年所做的一項實驗。

五十二對年齡介於二十二至七十七歲的夫妻，在手臂上被弄出小水疱傷口。（我知道，很驚訝他們為了追求進一步的科學知識，願意這麼做。）結果承認婚姻關係中存在著敵意的夫妻，比起彼此相互扶持的夫妻，花費幾乎兩倍的時間讓傷口癒合。[10]換句話說，處於健全的婚姻或伴侶關係中，有助於你的身體痊癒。

這個現象在世界各地的許多研究中出現。社交接觸（假如沒有敵意的話）能降低疼痛和強化免疫系統。外科醫師暨作家阿圖．葛文德（Atul Gawande）說：「如果缺乏持續的社交接觸，人類大腦可能會像遭遇頭部創傷那樣受損。」[11]這聽起來像是我的基本需求。

歸屬於某個社會群體，幾乎從智人最早出現在地球上時就帶給人類幫助。它不僅使我們更安全，讓我們得以合力撂倒體型比我們大上許多的動物，例如水牛和獅子，似乎還使我們變得更聰明。有充足的證據證明，應付其他人時的艱難（人們有時很難搞，不是嗎？），迫使我們的大腦變大。隸屬於更大群體的人猿，舉例來說，相較於比較孤立的人猿，擁有更大的大腦。

歸屬需求可能源自於好幾百萬年前，作為一個有效的保護辦法，保障一個在體型上不如他們的動物鄰居，或者其人類表親（例如尼安德塔人）的物種的生存。此後，這個需求從根本上改變了我們的大腦和身體，直到現在，如果我們沒有成為某個健全社群的一分子，便無法繁榮發展。

這不表示我們為了維持健康，必須始終喜歡彼此。競爭與爭吵在社群內都是自然的事。不過當中存在一條界線，如果競爭過度或者爭吵變成具有攻擊性，可能就會造成傷害。敵意決定了社群的健全與否，所以過度憤怒或具有攻擊性的互動，可能對你沒有好處。

讓我們將這個討論暫時回到實用的層面。由於歸屬感是基本需求，因此尋求孤立對你沒有好處。然而，越來越多人選擇避開其他人，以為在家工作更有效率，並且訂購外送的餐點、雜貨、寵物補給品，以及不用去商店就能買到的其他任何東西。尋求孤立可能是我們壓力變大的癥結，這對我們絕對沒有任何好處。

有品質的社交互動不只對你有益，而且不可或缺。歸屬需求構成我們許多最好的衝動的基礎。舉例來說，它可能是同理心的基礎，而同理心是人類生活的核心要素。

德瓦爾說了一個關於某位俄羅斯科學家照顧一隻黑猩猩的故事。有一回這隻黑猩猩爬到屋頂上，這位科學家無法把他弄下來。她試著呼喚他，並且用新鮮水果引誘他，但是他不願讓步。最後，她假裝弄傷自己，然後坐在地上哭了起來。終於，這隻黑猩猩爬下屋頂並且過來擁抱她，只為了安慰他的朋友，而選擇放棄他的棲息處。「我們演化上的近親展現的同理心，甚至高過牠們對於香蕉的渴望。」德瓦爾寫道。[12]

為歸屬感效勞的同理心，可能支撐著我們的基本道德規範。在歷史上幾乎每個主要的宗教，你都會發現某種版本的為人準則：你要別人怎樣待你，你也要怎樣待人。

然而要替別人做我們想替自己做的事，需要一定程度的同理心。這需要我們站在別人的立場，想知道他們希望如何被對待。「愛你的鄰居，從演化的觀點加以詮釋，」古生物學家西蒙・莫里斯（Simon Conway Morris）說，「是社會關係的演算法。貞潔、節制、同情、勤勉、耐心、道德承諾和謙遜等被宣揚的美德，為有效的群體行動提供標準。」

利他主義使達爾文困惑。他不太能從演化的觀點解釋利他主義，最終認定那必定是一種交易，也就是當我們為他人付出時，期待著會得到某種東西作為回報。在某些情況下可能是如此，但我認為這無法完全解釋人類的慷慨和自私。

我相信同理心往往激發出利他行為。當我們看見別人受苦，並且能想像如果換作是我們，會是多麼痛苦的事，因而提供別人協助。同理心強化了社會凝聚力，且有助於促進社會包容，這是幫助我們滿足歸屬需求的重要因素。

有充分的理由相信，我們正在尋求促使同理心衰退的策略和習慣，儘管沒有意識到我們的習慣正產生出這個效果。舉例來說，醫學界已經努力了許多年，想弄清楚為何這麼多醫師和護士失去對病患的同理心，還有同理心的衰退，是從什麼地方開始。事實證明其衰退始於醫學院，而且可能是課程造成的結果。為了更有效率地訓練專業人士，許多醫學院強調情感抽離。

因此，早在臨床實習和醫療專業人士看過足夠的傷亡而變得對這些事情麻木之前，就讀醫學院的**第一年**就出現同理心衰退的記錄。[13] 這表示儘管學校有效率地教導醫師學習解剖學和醫療技術，卻未有效教導他們如何以複雜的內在觀點和經驗，視病患同為人類。

同理心對於人類的生存至關重要，因此幾乎是每個人與生俱來的天性。小至七個月大的嬰兒，也能同理別人。有一項研究監視嬰兒看見別人被觸碰時的大腦反應。看見某人觸碰另一個人的手背，會活化這嬰兒的相同腦區，彷彿他也感覺到他的手被觸碰。我們似乎天生就有能力，與其他人形成心照不宣的結連。

如果我們在成年時喪失這個能力，那是因為沒有充分加以使用，或者參與了造成同理心衰退的活動。要記得，聽見別人的聲音，比起閱讀電子郵件和簡訊，更能激發我們強烈的同理心。因此更應該開始建構面對面和透過電話進行互動的工作場所，將有助於滿足我們的歸屬需求，而且不會衝擊到人們在辦公室以外所歸屬的社群。

稍後我們將詳細探討如何處理這些問題。讓我們先回到人類天性的主題，以及如何能從中學到維護幸福所需的東西。我們需要聽見聲音，我們需要歸屬感，我們需要同理彼此，以驅除關係中的敵意。而且我們也需要規則。

如果你把早期的人類想像成原始的嬉痞，成天只做他們想做的事，可能會驚訝原來人類天生喜歡規則。我們喜歡結構、習慣和慣例。如同人類學家羅賓・福克斯（Robin Fox）所言，「那是最基本的人性。我們是制定規則的動物。」

我們有部落意識，當然，但也具有領域性。我們喜歡為部落和非部落成員、我們的居住地和非居住地，創造指導原則。舉例來說，歷史上幾乎每個社會，都曾針對一個人何時能取另一個人的性命設下限制。有時這些限制被包含在更大的某種靈修訊息中，但它們一直被創造和施行。

一個憑藉合作而存活的物種，需要規則來規範行為，無疑是件合理的事。就此意義而言，好籬笆確實造就好鄰居。想要遵守規則的衝動深植於我們的心理，而這多半是件好事。

設立規則讓我們得以和平共存。某位科學家告訴我，人猿絕不會只為了娛樂的目的，而與其他不相識的人猿群聚。「黑猩猩，」德瓦爾說，「會因此打架。」[14] 然而我們為了音樂會和遊行，數以千計地定期聚集，我們之所以能相安無事，是因為坐在指定的座位和站在黃線後面，當音樂響起時便不再說話。我們之所以能相安無事，是因為知道規則且遵守規則。歷經許多世紀的演化過程，強烈要求我們遵守社會規範。有些人會抗拒這個要求，但大多數人不會。

所以這是另一個就我們所知，適用在全體的人類基本需求：規則。這顯然是實用的知識，因為這代表建立界限、限制以及創造結構，是自然且健康的事。還有最後兩種不受限於地理和歷史，而且似乎是全人類所共有的行為：音樂和遊戲。

最早的樂器幾乎可確定是人聲，用拍打膝蓋或跺腳當作伴奏，但科學家已經發現可追溯到四萬二千多年前，用象牙和骨頭製作的笛子。

音樂可能發揮了重要的演化目的。許多研究者相信，音樂幫助智人在對抗尼安德塔人時占上風。因為音樂用來建立社群和強化同理心時非常有效，可能協助創造了廣大的社會網絡和轉達資訊。相信我，我之所以這麼說，不單單因為我是音樂家。我雖然存有偏見，但不會減損這件事情的真實性。

遊戲也發揮重要功能，這可能是所有人類文化中都見得到遊戲的原因。當然，任何人只要花些時間和狗相處，或者觀察松鼠，就會知道我們不是唯一會玩耍的動物。就像扭打在一起的狗是在磨練牠們的動作協調、平衡感和運動能力，人類小孩在玩捉迷藏時也是如此。

遊戲幫助我們發展社交、體能和認知能力。遊戲也教導我們如何處理突如其來的事件。玩遊戲讓幼兒學習社交規則和建交與社群的關係，也幫助我們創造信任感和管理壓力。曾與珍．古德（Jane Goodall）合作的生態學家馬克．貝考夫（Marc Bekoff）說，當我們在玩耍時，「我們展現出最徹底的人性」。

其他許多事情被描述為與生俱來的人類需求，例如工作。但我列出來的這些，似乎才是不分文化和世代，始終不變的人類需求。以下是身為人類不可或缺的特質：社交技巧和語言、促進同理心的歸屬需求、制定規則、音樂和遊戲。我們擅長這些事情，而且需要它們來維持健康。

我用這張表與目前的工作習慣做比較，立刻清楚發現，我不是在創造一個讓這些活動有發展空間的環境或行事曆。我唯一熱中的事似乎是制定規則，替自己制定各種規則，例如早起和上健身房，以及發送足夠的推文使我的品牌成長。這份行事曆中沒有任何一件事跟音樂、遊戲或增進我的同理心有關。

別忘了，演化無法完全解釋我們的行為。其中有一個持續至今的謎，那就是為何我們一貫地選擇去做會傷害我們自己和社群的事，我們並非不知不覺，像狗一樣不明白吃巧克力的後果，而是一清二楚，如同我們在抽菸時。

良善的定義包含幫助我們人類生存和興旺。我認為主張生物學無法完全解釋人性的論述中，最有力的論點之一是生物學無法說明我們的不理性。我們會做出不利於自己的事，而且經常如此。其中一個最危險的例子是，我們傾向於否認我們的歸屬需求，孤立自己不接觸真實的人類。現今青少年與朋友相處的時間，比起二十世紀的青少年少上許多。我所屬的X世代，與朋友在一起消磨的時間，大約比現今的高中生多出一個小時。

我們已經接獲警告，這種趨勢與寂寞和抑鬱的人數增加有關。警報從幾年前開始響起，可望在約莫十年內達到大流行的比例。一直以來我們多半忽略這個警告，繼續傾向於使我們孤立和生病的習慣。

我們像是被診斷出肺癌，卻決定增加抽菸數量的病人。是的，情況就是這麼迫切。寂寞和社交孤立使死亡的風險升高二五至三〇%。我們有基本的歸屬需求和對融入社群的渴望，卻選擇讓自己挨餓。

我們沒有將時間投入例如參加社團或其他嗜好團體等群體活動，反而將時間灌注到工作和無止盡的自我改善計畫。然而工作並非基本需求，社群才是。

我可以用親身經驗作證，因為所知所學使我做出極大的改變，由於這些改變，我現在過得更快樂、更健康。往後我願意做出更多改變。

這正是生產力對上閒逸的問題如此急迫的原因。此刻我們正在自我毀滅。我們必須記得，什麼是對人類來說最基本的東西，並回歸到能滿足根本需求的生活方式。「只因為我們擁有改變的能力，」演化生物學家威爾森說，「不代表我們必然會變得更好。演化經常導致極不利於人類長期幸福的結果。」[15]

在短短兩百年間，我們已經遠離人類天性，並且試著將自己進一步推向數位化生活和孤立狀態。如果我們不學會限制使用這些工具，長此以往我們將因此而受害。重點不是消滅它們，而是接受合理的限制。杭士基曾說，「人類很可能是一種無法成功發展的生物」。他說的是我們毀滅地球的傾向，我認為他的話也適用於我們毀滅自己的傾向。

回歸基本人性是我們早該做的事，現在不是我們喜不喜歡，而是我們能不能存活下來的問題。

第九章
科技是罪魁禍首？

至於那些節省時間的小玩意兒，許多人抱怨道，
無論在交通中浪費時間、操作自動語言訊息系統，
或者刪除電子郵件——有時通通一起來，
這些魔法道具吞噬掉他們太多時間。

——〈為何大家這麼忙碌？〉，《經濟學人》，二〇一四年十二月

隨著逐漸明白自己的行程安排過滿、過度執迷和過度透支，我開始好奇，這種情況是從我人生的什麼開始的。小時候我浪費了許多時間，所以我是如何從一個躺在書架旁讀她最愛的阿嘉莎．克利斯蒂（Agatha Christie）小說的大學生，變成一個隨時覺得累壞了、告訴別人她沒有時間讀小說的專業人士？

首先，最明顯的罪魁禍首是我手上的智慧型手機。我再也不打電話給朋友，要求他們推薦餐廳，因為我可以依據在Yelp的星星顆數來挑選地方。我不必躺在書架旁讀書——我可以把書載入我的Kindle，在地鐵站等車或者在候診時，每次讀上十分鐘。

不光是我的智慧型手機。還有放在我書桌上的筆記型電腦，像磁鐵一樣吸住我不

放，完全占據我以前花在嗜好上，或打電話給朋友問他們想不想過來的時間。

很顯然的，我想，問題必定出在科技。數位革命可能已經不可逆地改變了我們的生活，而要解決效率成癮的方法很簡單：丟掉手機。**我只好變成新盧德分子（Luddite）***，我想。將智慧型手機換成不能下載應用軟體或播放播客節目的折疊式手機；嚴格限制我對電腦的使用，完成工作後就起身離開書桌，不要被拖進點選連結的兔子洞；還有，當我沒有積極專注於工作時，就關掉我的Wi-Fi。

我做了上述所有的事情。我度過了除GPS外，不使用手機應用軟體的三個星期。我看直播的電視節目，而不看Netflix，此事令我倉皇失措。我聽CD而非串流音樂服務。我打電話給別人，而不使用簡訊，並且將我使用電腦的時間限制在每天五個小時。我脫下我的Fitbit裝置，挖出貯放在箱子裡許多年的古老Timex手錶。一九九五年時這只手錶就在我家裡，使用了將近一個月。

結果並不管用。

過了三個星期的類比生活，我依舊忙過頭、累得要命和不停找尋更有效率的方法來運用我的時間。或許我有稍微慢下來，因為科技裝置只不過讓我更容易沉溺於生產力上

* 譯註：十九世紀初期，參與搗毀機器的英國手工業工人。

癮。但當我擺脫科技時，這個癮仍然存在。

如果我的問題不是出在科技，或許科技不是更大問題的源頭。很可能科技並未造成如此不健康的文化轉變。我著手回答這個問題：科技是否是罪魁禍首？

可惜的是，答案遠比簡單的是非題還複雜。別忘了，科技無關乎自不自然。水獺用石頭敲開牡蠣是件不自然的事嗎？還有海狸建造水壩，或者章魚利用椰子殼當作某種盔甲？黑猩猩和大猩猩會使用工具，烏鴉和老鼠以及其他許多動物都會。已知大象能夠利用樹枝做出蒼蠅拍，還會將原木扔到通電的圍籬上，以避免自己受傷害。

人類至少從石器時代就開始使用工具和科技。科技一直是我們存活下來的關鍵。太冷了？我們編織衣物。需要煮點什麼？我們創造出壺罐。提水的需求？我們製作瓶子和皮袋。有研究甚至顯示，當我們拿起工具時，我們的大腦將它視為我們身體的延伸。當你抓起一把鎚子，你的大腦表現得彷彿那鎚子是你手臂的一部分。[1] 工具和科技對於我們就是這麼自然。

不過數千年以來使用的工具，與現今的科技之間，存在一個重大差異。當你把釘子敲進板子後，你通常會放下鎚子，還有當你用水壺煮好水，你會收起水壺。大多數時候，我們會在限定的時間內完成特定的任務，但我們不是這麼使用智慧型手機。只要一機在手，任務永遠不會完成，這項工具也絕不會被收起來。

讓我們先看看壞消息。列出為何我們的科技有害的全部理由，我必須警告你，這是很長的名單。

當我要求朋友想像沒有智慧型手機的生活時，大多數人會完全茫然地瞪著我。有一個朋友說，她曾經把車鑰匙遺落在餐廳，把狗遺落在公園，還有皮夾遺落在安檢通道，但她通常會在幾秒內知道她掉了手機。這些裝置多麼快就變成不可缺少的東西！別忘了，我們過著沒有智慧型手機的生活，比起有智慧型手機的生活要長上許多。

智慧型手機是極為新近的發展。第一支真正的智慧型手機是Nokia 9000 Communicator，一九九六年引進，售價約八百美元（約等同二〇一九年的一千三百美元）。黑莓機（BlackBerry）大約在一九九九年問世，當時約僅有六〇%的美國人擁有手機。在二〇〇五年時擁有黑莓機，仍被視為相當酷的事。

iPhone出現在二〇〇七年，幾年之後的二〇一一年，根據皮尤研究（Pew Research）的資料，只有三五%的美國人擁有智慧型手機。到了二〇一八年，擁有智慧型手機的百分比接近八〇%。先停一下，好好想想這一切。自從大多數成年人開始使用智慧型手機，也不過就幾年間的事，我們很快就對智慧型手機上癮。

某天我把皮夾忘在家裡，到了機場時發現沒有帶身分證，此後我買了一個手機皮夾，可以將身分證和卡片與手機放在一起，我知道如此一來，不管怎樣我再也不會忘記。

如果我上了癮，我推論，我大可以讓這個癮對我有好處。

大多數人在醒來和睡覺之間的時間中，碰觸他們的手機大約二千六百次，每天花大約五個小時瀏覽手機。試想一下，當你感覺到時間壓力時。一天的二十四個小時裡，你可能大約花六至七個小時睡覺和工作八個小時。這麼一來只剩下九個小時，其中超過一半的時間，你盯著手機看。八五%的人用手機與家人和朋友聊天。我大概甚至不需要證明這點，因為超過一半的美國人承認他們對手機上癮。

「我常常想起從前，那時工作是依據抽菸休息時間，或者茶水間的閒聊來建構；」喬治亞南方大學的沙克斯頓告訴我，「現在我們已經依據手機來建構工作。」[2]手機如此迅速地在我們的生活中變得無所不在，而且徹底改變我們的習慣、生活方式以及甚至我們的大腦，一想起來就讓我心驚。

最重要的是，手機已經改變我們彼此溝通的方式，多半朝著更壞的方向發展。諷刺的是，因為我們真的相信電子郵件和簡訊更有效率，因而選擇不跟人說話，根本是悖離事實，莫此為甚。我們之所以過度使用科技，最主要的原因或許是我們潛在地相信，數位方法總是優於類比選項。想要不停提升生產力的欲望（從不停下來想一想，我們的產量是否有其極限），屢屢使我們回到桌上的電腦和手上的手機。

提升運算能力對筆記型電腦產生可測量的影響，但那不是人腦運作的方式。你無法升級你的灰質，並期待它更快速地工作。大腦的運作方式不同於電腦，因此我們絕不應該以數位處理器的速度來衡量自己。然而這正是我們在做的事。當電腦被引進工作場所時，它們加快了原本為人類節奏而設計的許多程序。

請記得在後工業時代社會，時間就是金錢，因此更快速的處理速度能更快產生獲利。但人類跟不上這個速度。「電腦導入一個以奈秒為主要計時單位的時間架構，」社會理論家傑洛米．里夫金（Jeremy Rifkin）寫道，「奈秒是十億分之一秒，雖然理論上我們可以構想出奈秒……但不可能體驗到它。在此之前，時間不曾以超出意識範圍的速度被組織。」[3] 這表示儘管電腦以驚人的速度進行計算，但人腦需要比較慢的運作速度。類比速度可能更有助於深思和有創意的問題解決方案。

心理學家丹尼爾．康納曼（Daniel Kahneman）寫到關於放慢思考過程的好處，這麼做不只能夠獲得直覺的和自動的結論，還有更多反射推理能力。我們越瞭解大腦，越知道放慢速度的好處。

舉例來說，我們常被吩咐要「深呼吸」以便鎮定下來，然而放慢呼吸不只讓你的肌肉放鬆，對於你的大腦也會產生影響。諧振式呼吸法（coherent breathing）是訓練人們放慢呼吸速率到每分鐘六次（或更少次）的方法。事實證明，較慢的呼吸能增進你維持注意力的時間、決策能力和認知功能。

但是我們的電子裝置時間，迅速改變我們對非數位世界時間的理解。舉例來說，在你傳出簡訊後，等候回覆多少時間，會讓你開始不耐煩？電子郵件呢？商業方面的溝通以指數方式加速，這固然帶來許多好處，但也改變了我們的社交期待。美國國會研究員分析了十六億封電子郵件，發現當你一按下傳送鍵，你可能會在兩分鐘內得到回應，而大多數人在不到一小時內回信。

假設你替製鞋廠工作。在二〇〇一年歷時幾個小時或幾天到達你手上的同一張裝貨收據，換成現在，如果沒有在幾分鐘內被收到或得到回應，有沒有可能造成大災難？我們的交易是真的已經變得更急迫，或者只是期待改變了？

如果沒有立即回覆你的經理的電子郵件，他可能會惱怒。然而我不相信立即回覆是對事情最好的方式，在回信前先花些時間思考，或許能提升回信的品質。

我自己做過這個測試，刻意等幾天後再回覆簡訊或電子郵件，根本沒發生什麼大不了的事。我沒有因此失去任何客戶，我完成所有的工作，而且延遲回信並未造成任何嚴重的或其他問題。此後，我持續這個做法，每天只查看幾次電子郵件。一旦人們知道我可能不會立即回應，他們便停止期待立即得到回應，而我通常到了晚上九點鐘，就不再寄送電子郵件。

簡訊的速度甚至更快。九五%的簡訊在三分鐘內被閱讀，大約九十秒後得到回覆。[4]九十秒！這表示我們得經常停下手邊的事——穿衣服、吃晚餐、跟站在你面前的某人說話，只為了回一句「近來好嗎？」心理學家亞當・歐特（Adam Alter）在他受歡迎的TED演說中提到，智慧型手機是「你的人性寓居之處。現在，它存在一個小盒子裡」。

科技是我們生活中造成許多人崩潰的原因。一則它干擾我們的睡眠。許多人拿著手機睡覺，或許把手機放在身旁，而且有三分之一的人承認，他們會在半夜查看手機。現在，你可能以為起身去上洗手間時瞄一下手機，或者把手機帶在身上，這麼做沒有什麼大不了的，但是你的大腦可能不同意。

首先，手機和平板電腦發出的光，會欺騙我們的大腦，讓它以為現在是白天。大多數電子裝置使用短波長的藍光，極為顯眼而且非常節省能源。藍光在白天是很棒的光源，既環保又能提振你的心情和能量。

問題是，長期而言藍光可能傷害你的眼睛，並且會抑制褪黑激素的分泌，這是幫助入睡和保持睡眠狀態的激素。哈佛大學科學家測試了藍光對比綠光的效果，他們發現藍光抑制褪黑激素的生成和擾亂生理節奏（控制睡眠和清醒的時間），大約是綠光的兩倍時間。[5]此處傳達的訊息是，如果你在就寢時間兩個小時前看你的電子裝置，你可能會弄亂你的睡眠周期。數百萬年的演化，已經訓練我們的身體對日出和日落做出反應，要適應不同的周期不會是一個快速的過程。

再者，手機在認知和視覺上極具刺激性。許多應用軟體是設計來吸引你的大腦，而且它們非常擅於此道。[6]然而保持警覺的大腦，不是準備好要休息的大腦。除此之外，你的大腦不會真正區分在臉書上貼文和在辦公室上班的不同。如果你傾向於在床上使用社群媒體或回覆簡訊和電子郵件，你等於在告訴你的大腦，床是用來工作而不是休息的地方。

然而這種有害的結果外溢出臥室。事實是，過度使用智慧型手機，對大腦產生多半為負面的強烈影響。你的大腦將所有這些進來的通知，當成像火警或敲門那樣嚴肅以待。基本上，每當你拿起手機，你的大腦便消耗掉一定的能量，準備回應可能的警急事件。

當小小的鈴聲響起，表示收到某則訊息，便啟動你腦中的壓力荷爾蒙。你的身體進入戰或逃模式，而你的肌肉甚至會收縮，讓你準備跑起來。現在想像一下每當你的手機震動或發出聲響，這個過程一天之內會重覆數百次，甚或數千次。其效果可能非常強烈，在肌肉一整天收縮和放鬆後，你或許會感到疼痛。

事實上，你與手機的互動越頻繁，你的大腦越「吵鬧」。在此我指的噪音稱作「神經差異性」(neuronal variability)。[7]這個用語描述我們頭殼內，某種外來的、可能使人分心的腦電活動。其靜電干擾了我們的大腦無線電信號。

所以手機干擾了我們的睡眠和專注力以及帶來壓力，加上我們在電話會議中查看簡訊，或者在讀書時回覆電子郵件，所付出的不算小的成本。這是個好機會，讓我們重新檢視多工問題，以及為了設法多工所付出的代價。

大腦需要時間脫離某項任務，然後再專注於新任務，有些心理學家說，我們大約有四〇%的認知功能，致力於簡訊、電子郵件、社群媒體和網站連結之間的來回切換。

當我們在做某件事情時，我們的前額葉皮質（就在前額後方，負責做出決定）會使左右腦與手上的任務何產生關聯。而當我們設法同時進行多項任務時（就像一邊寫報告，一邊回電子郵件的情況），大腦便將左右腦分開成為兩個個別的團隊。[8] 這麼一來，我們的注意力幾乎被分割，比較容易忘記事情，而且可能犯錯的機率是三倍。

我們的手機嚴重分散了大腦的注意力，這是無可爭論的事實。光是智慧型手機的存在就已經如此刺激我們的灰質，以致干擾我們執行基本任務的能力。[9]

為了給你一個例子來說明這種情況如何即時上演，讓我告訴你，我在坐火車橫越全國之前和其間的寫作過程。就在出發前，我寫了幾篇部落格貼文，談到我的火車之旅和決定在美國鐵路上待兩個星期。當我坐在家中電腦前時，平均大約花四個小時完成這些文章。

在火車上，我每天寫部落格，但往往收不到Wi-Fi訊號，因此無法在工作時跳到其他的瀏覽器標籤，或查看我的電子郵件。結果我花了大約四十分鐘就寫完這些貼文。即使多工讓我感覺有生產力，然而當我心無旁騖專注於寫作時，實際上節省將近三個半小時的時間。

我告訴過你，科技造成的傷害名單會相當長，但我們已經差不多列舉齊全了。以下是一個有趣的麻煩：上網也會使我們以為自己知道很多事，但其實不然。這點很重要，因為它直接佐證了一個概念：科技不必然使我們更有效率，而是創造出有效率的錯覺。

耶魯大學的研究人員做了涉及一千多人的一系列實驗。在某個研究中，實驗參與者被告知拉鍊運作的原理。其中一半的人得到指示，要他上網搜尋，來證實這項說明的細節。[10] 接下來他們全被問到一堆不相干的問題，例如「龍捲風是如何形成？」等。被允許上網找拉鍊相關資料的人，更容易認為他們知道更多關於他們被問到的**一切**問題，即使是關於天氣、歷史和食物。

研究顯示，在線上做研究不會使我們變得更有知識，但卻大大增加我們對於自身知識的自信。在線上查看你自己的症狀，舉例來說，極可能提供你一個錯誤的診斷。還有，使用虛擬症狀檢測的人，更可能懷疑他們的醫生給的建議，而搜尋其他替代的治療方法。

我們也在金融界看見相同的結果。關於任何主題所做的線上研究，都讓你對自己的整體知識更有自信，也更容易將賭注下在你以為你懂的投資上，所憑藉的更多是自信，而非真實資料。

關於科技的辯論，或許最確鑿的證據是，許多科技業者限制他們的孩子使用智慧型手機和平板電腦。臉書的雅典娜·查瓦里亞（Athena Chavarria）告訴《紐約時報》：「我相信魔鬼住在手機裡，正在大肆蹂躪我們的孩子。」[11]

賈伯斯出了名的不准他自己的孩子使用 iPads，他說他和妻子限制孩子在家使用的科技。[12] 推特創辦人之一伊凡·威廉斯（Evan Williams）給他的孩子實體書，而非平板電腦，而《連線》（*Wired*）雜誌前編輯克里斯·安德森（Chris Anderson）曾說，他嚴格限制家中的螢幕時間，因為他痛苦地意識到科技可能造成的危害。「我在自己身上看見它的危害，」他說：「所以我不希望同樣的事情發生在我的孩子身上。」

科技業者和軟體開發者，得為裝置讓人上癮的本質負一部分責任，難怪他們擔心科技對他們家人造成的影響。考慮到我們多麼頻繁地使用智慧型手機和平板電腦，應該能讓我們全都收手。你會吃主廚不會端給自己家人吃的菜嗎？

讓我們看看名單中的最後一項，這是好玩的東西。數位裝置正在對我們的社交互動造成巨大的影響。我認為這是智慧型手機上癮最令人憂慮和最危險的副作用。

起初，簡訊和社群媒體背後的意圖是好的。人們如實相信科技藉由使溝通變得更快速、更便宜，而讓我們更緊密連繫。前兩項目的已經達成，但最後一項沒有。事實上，科技加深我們彼此的隔閡。當然，其危險是科技帶給我們有效溝通的錯覺，很像上網搜尋後感覺我們的知識增加了。它使我們以為以真實的方式連結，因而沒發現警訊。

擁有數百個臉書上的「朋友」或者推特追蹤者，不等於擁有與真人的友誼。我的話已經說得夠清楚。我們越來越投入水平的關係（廣泛而膚淺），而非垂直的關係（集中且深入），我們有可能被膚淺的連結給淹沒。

截至二十世紀，人們一生中只和幾十個朋友打交道。擁有少數知己、數量略多的好朋友，加上數量更多一些的熟人等等，這是最健康的交友狀態，而不是擁有數不清的線上「朋友」和幾乎無親密感可言的友誼。一九八五年時，美國人報告說他們擁有三個親密的知己。到了二〇〇四年，數目下降到兩個，而大約有四分一的人說他們沒有對象可以談私人問題。

我真心相信社群媒體的有害影響是超載所導致。我們每天（有時每個小時）被要求關注和互動的情緒勒索轟炸。臉書上比較常見的訊息類型之一，大約像是這樣：「我正在進行一項測試，想看看是否有人真的讀我的貼文。如果你讀到這則貼文，請告訴我，我們是怎麼認識的。」如果你記不得如何認識那個人，也不常讀他的貼文，看見這種訊息可能會讓你感到內疚。面對排山倒海而來的情緒刺激，想要退出和別人的接觸，是再自然不過的事。

透過對於演化規則的瞭解，我現在更明白為何社群媒體讓我吃不消。我喜歡社群媒體，但它帶給我壓力，部分是因為我無法追蹤每個人的婚姻狀態、父母親和事業。我想要關心，但真的很困難。

如同人類學暨演化心理學家羅賓・鄧巴（Robin Dunbar）所說：「我們的心智設計，讓社交世界無法超過特定數量人數。維持一段親密關係所需要的情感和心理投資相當大，而我們所擁有的情感資本是有限的。」[13]

他的研究產生出「鄧巴數」：一個人能合理維持住的關係數量。鄧巴數是一百五十。到了二〇一八年底，我擁有超過八千個臉書「朋友」，以及一萬六千個推特追蹤者，他們全都傳訊息給我並在我的照片留言。許多人知道我的狗的名字和我最喜愛的食物，以及我如何安排我的時間。網路用來連結人們，或許太有效率了。

二〇一八年，作家喬・希爾（Joe Hill）發送的一連串推文令我印象深刻。他寫說：「社群媒體的承諾是它會連結人們，可是我認為十一年來對我來說，不管怎樣，它顯然更擅長分化我們和使我們難過……我在這裡認識一些很棒的朋友，也有過一些很棒的——有些很驚人——談話。但我逐漸相信，社群媒體的淨效應對我來說不是很好。」

希爾最終回到推特，現在依舊活躍於這個平台。我幾乎沒辦法挑出他話裡的毛病。像推特和 WhatsApp 之類的平台確實有一些很棒的好處。它們的問題，就如同智慧型手機和平板電腦，不是出在使用而是出在**過度使用**。其毛病在於我們想以無法與真實事物相提並論的科技，取代原本就可行的事物。

我問社會心理學家茱莉安娜．施羅德（Juliana Schroeder）對這件事情的看法，她說：「我們一直設法使以文字為基礎的媒介，變成更適合傳達思想的方法。然而這些以文字為基礎的工具，的確比較遲鈍和沒有效率。說話比起文字更加高度發展，因為它存在的時間遠在書寫之前。」[14]

我問她，到了某個時候，文字是否可能變得跟說話一樣有效率。她說在**五千至一萬年後，這是有可能的**。所以到了七〇二〇年時，文字可能發展成如同人聲一樣全面的溝通工具。

我們周遭的一切證據說明，將智慧型手機假定為這個故事中的壞蛋，似乎是有道理的，但我認為我們不能因為事情出錯就歸咎於科技。我們的裝置相當神奇，只是遭到濫用，社群媒體便是非常好的例子。研究顯示，當你正面適當地使用社群媒體時，社群媒體能讓你更快樂。

當然，實際情況並非如此：社群媒體使大多數人感到痛苦。我們知道大多數人都在臉書「潛水」，舉例來說。他們在平台上花大部分時間，閱讀別人的貼文和掃視他們的照片，比較他們自己的生活與別人展示的經驗。這種行為會侵蝕幸福感，最終使你不快樂。事實證明，我們在臉書的活動，涉及積極地與別人進行溝通不到十%。

當我們有心善用社群媒體，而不只是盯著別人張貼的內容時，社群媒體對我們有好處。所以社群媒體不是在幫助我們，而是在浪費我們的時間和使我們難過。事實上，有一項調查顯示，想退出社群媒體的人比想要戒菸的人還要多。[15]我猜想這是一個相當好的指標，說明我們上癮了，並承認這種癮對我們不好。

順便一提，我無意羞辱使用社群媒體的任何人。在貼出推文後，發現成千上百個人喜歡你的言論，會令人感到鼓舞。感覺你和某個與你想法相同的人一來一往地「聊天」，是件好玩的事。

即便是侮辱（在不過度辱罵或帶有威脅性的情況下），如果有許多人跳出來捍衛你，也是讓人愉快的。在我做完所有的研究之後，我過了兩年才終於刪掉臉書帳號。在網頁瀏覽器安裝了擴充功能以限制花在推特上的時間，然後發現自己繼續用別種瀏覽器作弊，當用光我的推特時間時。我發現不能只是停止在手機上玩遊戲，還得完全刪除應用軟體才行。

近年來情況變得越來越清楚，我們不能全然怪罪自己的數位成癮。前Google設計倫理學家崔斯坦．哈里斯（Tristan Harris）經常精闢地寫到科技如何「綁架我們的心理弱點」。[16]此外，許多設計師遵循吃角子老虎模式，利用應用軟體迫使產生互動。他們創造出提供多種獎賞的系統，在你拉動桿子時（刷新你的信箱或推特），有時給你獎賞，有時什麼都沒有。

「當我們從口袋掏出手機，我們是在玩吃角子老虎，看看會收到什麼通知。」哈里斯寫道。「當我們用手指滑動Instagram頁面，我們是在玩吃角子老虎，看看接下來會出現什麼照片。」專家說人們對吃角子老虎上癮的速度，比其他類型的賭博快上三、四倍，部分原因是其中涉及的不確定性。難怪軟體設計師會仿傚那種模式。

遊戲化專家蓋伯・季徹曼（Gabe Zichermann）告訴《時代》雜誌，許多公司嘗試創造「尿布商品」。季徹曼解釋其背後的概念是「使某個東西非常容易讓人上癮，（使用者）甚至不想起身去尿尿。」或者去睡覺。[17] 情況顯然如此，因為Netflix執行長里德・哈斯廷斯（Reed Hastings）告訴投資者，該公司真正的競爭對手是睡眠。

天啊，這招真有效。Netflix刪掉許多節目的片尾和片頭字幕，所以當上一集結束時，在你甚至還沒點選之前，下一集就開始播放了。我通常在晚上十點睡覺，但某天晚上狂看了整季的《英國烘焙秀》（*The Great British Baking Show*），當我惺忪地瞄了一下時鐘，才驚覺已經是凌晨兩點十五分。這個節目等同於看電影時配的一大桶爆米花：我不假思索地一直吃，直到吃光整桶為止。

對科技上癮也可能是錯失恐懼症（FOMO）所造成。錯失恐懼症結合了普遍存在的社交焦慮和人類天生的競爭性，加上既有的社群媒體上癮。最後混合成一杯使人暈醉的雞尾酒。

許多社群媒體鼓勵持續的更新，以及無止盡的討論或評論。如果你過了幾小時沒有查看推特，你可能看不懂裡面的笑話和尖酸的留言，因為你錯過了一開始的爆紅推文。這經常造成害怕自己成為局外人的恐懼，逼著我們一再回頭去刷新頁面。

軟體設計師利用這種恐懼，實際上是在利用一種古老的生存機制。在許多世紀前，我們對於潛在的威脅保持警覺的能力，往往是攸關生死的差別。想得到最新訊息是原始的衝動。如同臨床心理學家阿妮塔・桑茲（Anita Sanz）在Quora網站所言，當我們沒有獲得所需的全部訊息，或者被逐出我們的社群時，有一個腦區會負責警告我們。

「這個特化的腦區，」她寫道，「是邊緣系統杏仁體的一部分，其任務是偵查是否有什麼事物威脅到我們的生存。沒有獲得重要訊息，或者感覺自己不是『內』團體裡的一分子，足以讓許多人的杏仁體感受到壓力或啟動『戰或逃反應』。」

這股強大的力量鼓勵我們大約每二十分鐘就回去查看臉書動態，因為原始的衝動使我們相信，這是保持接收訊息，從而保持安全的有效率的方法。由於恐懼的緣故，杏仁體給予我們的推特訊息優先權。我們潛意識地認為隨時關注社群媒體上的最新動態，是最好的選項：更有效率和更安全。

如同我先前曾提到的，快速接收訊息，無助於深思或推理。當掃視社群媒體，快速瀏覽一小欄的新聞報導時，我們只運用自動和本能的思考過程，是在進行膝蓋反射式的思考，因此犯下推理的失誤。我們不會去質疑假定或發現邏輯的謬誤，因此太常吸收到錯誤的訊息並加以傳播。

當我在和我的成癮問題奮戰，並承認科技干擾了我的生活時，令人欣慰的是我發現許多朋友也在經歷相同的事。如果我們同儕的期待，至少是促使上癮的部分原因，那麼我們或許可以決定一起來改變這些期待。

相關研究的結果非常明確。過去二十年最有生產力的工具，對我們的生活品質造成了負面影響。這是一個全球性的問題，從印度到荷蘭到巴西和中國，同樣引發關注。

考慮到我和其他許多人的掙扎，便知道這顯然不只是屬於年輕人的問題。智慧型手機成癮的術語是*nomophobia*，意指害怕沒有手機，即使年長者也有這種傾向。軟體設計師如此成功地吸引我們的注意力，以致有十％的人承認他們在做愛時查看手機，還有十二％說他們在洗澡時看手機（希望他們有防水手機）。

隨著我們越加頻繁地使用社群媒體和科技，寂寞、社交孤立和自殺的比例也跟著上升。

然而如果不是因為現今對於生產力和效率的重視，兩者從十九世紀開始支配人們的生活，錯失恐懼症或讓人上癮的應用軟體，就不會如此成功。一個能把手機留在家裡的人，肯定不是重要人士，沒錯吧？孩子看著父母親在餐桌上回覆電子郵件，心裡於是估算著吃飯和電子郵件，哪個比較重要。「許多孩子選擇螢幕，因為他們認為這是在不停工作的文化中，唯一獲得批准的消遣活動。」史密斯學院的瑞秋．西蒙斯（Rachel Simmons）說。[18]

在諾基亞公司（Nokia）發表第一支智慧型手機之前，不停工作的文化早已存在，也存在於微軟Windows或蘋果iMac之前。當你追究起造成我們目前的壓力、焦慮和社交孤立的罪魁禍首，你可以從科技開始，但終究得在工作場所結束。辦公室而非網路，才是開始功能失調的地方。

科技應該是用於完成特定任務的工具，完成後就被放到一旁。如果你利用社群媒體與朋友和家人保持連繫，請你每天查看一次就好，然後回到真實生活。此刻，我們的機器已經囚禁了我們，但我們有力量釋放自己，擺脫掉枷鎖。

即使我們現在就這麼做——掌控我們的裝置和限制社群媒體的使用，但潛在的問題並不會因此消失，就像我關閉掉裝置的連線，最終也無法使我比較不焦慮，或緩和我工作過度的感覺。

雖然我們無法從智慧型手機和社群媒體的崛起，畫一條直線連到社交孤立的增加，但兩者之間肯定有某種關聯。根據信諾（Cigna）保險公司的一項調查，我們當中最孤立、最寂寞的人是嫻熟科技者：一九九〇年代中期之後出生的年輕人。

順便一提，必須注意寂寞和獨處是兩回事。定期與他人互動的人、與同事談話以及跟朋友傳簡訊的人，或許看似擁有滿足的社交生活，但私底下卻承受著社交孤立的影響。

這個問題取決於感知與否，可覺察的孤立是寂寞。而說沒有親密朋友的人，數量正在增加中。

寂寞是缺乏親密的接觸所造成，這種接觸鮮少能在線上尋獲。臉書縱或在一天之中讓你的社交接觸劇增，但卻會減少有意義的接觸。關於我們多麼喜歡取消計畫，以及拒絕打電話而偏好傳簡訊的傾向等種種網路迷因，是對二十一世紀生活的可悲陳述。

擁有數以百計的臉友或許多推特追蹤者，並無法填滿我們內心的空洞。數位互動根本不同於跟某人說話，或者花時間親自與真人相處。當你親眼看見有人對你揮手或微笑打招呼，所產生的社交連結感，通常不是Instagram上的按讚所能提供的。

數位連結的情況也反映在辦公室。同事之間的關係同樣無法滿足對親密互動的需求。這些友誼往往取決於工作，意味著你的雇主擁有最終的控制權。

發生在職場上的互動，常常只存在於職場。如果你被解雇了，大概再也不會見到與你互動的同事。工作關係所能帶來的穩定感和接納度，鮮少如同那種當你辭去工作後，仍繼續與你說話和保持連絡的人，所形成的連結。

由於我們日益關注工作、生產力和效率，所造成的諸多改變中，喪失掉隨著時間而培養成的友誼——顯然是沒有效率的事，也可能是我們最大的損失。職場不是家庭，而同事通常也不是親密的朋友。與推特的朋友談話，一次一百四十個字固然極有效率，但終究缺乏情感價值。為了所需的人際關係，我們必須重新畫定辦公室與家之間的界線。

我們知道問題所在，但現在該談談解決之道。

II

拋開效率崇拜

如何從生活駭客到收回生活

收回生活一

挑戰你的認知

你以為人們考量到自身利益，
會明白什麼對自己有利，因而改變看法。

——羅伊・鮑邁斯特（Roy Baumeister）

帶領我進入這個研究領域的，是我的個人利益。我已經走到一個無以為繼的人生階段，無法再做我正在做的事。我感到焦慮和煩躁，總是累到吃不消。這不是我想要的生活樣貌，雖然我的收入大幅增加，但情況反倒變得更糟，而不是更好。

我遵循著據說會讓生活變得更好的指示：找尋精簡瑣碎雜事的策略、運用生產力日誌、遵從掛保證的運動養生法，以及非常、非常努力地工作。我的事業成功了，然而伴隨著成功而來的不是壓力減小和增進幸福。我越成功，反而變得越焦慮。

我花了許多年時間，剝開層層外殼，找到出錯的地方，下一步是想出解決之道。幸運地，一旦知道瓦特決定修理一部故障的蒸汽機前，人們是如何過日子後，解決方法就不是難事。

在我研究了神經科學、演化生物學和靈長類動物學後，浮現了真相，其實我們早已知道如何解決這個問題。我們已然有點走偏了路，但現在還來得及導正這艘船的方向。

自從商業界以效率掛帥，作為增加獲利的途徑，其他的許多考量都變成次要，同樣的情況也發生在我們的個人生活。由於我們已經變得更有效率，所以也變得更脆弱。請你仔細想一想效率的目的（適用於既有的環境），與保持靈活變通的目的（適應個人環境變化的能力），兩者之間的差別。

「靈活的系統，」羅傑．馬丁（Roger Martin）在《哈佛商業評論》中寫道，「通常有幾個特點——多樣化和冗餘，或者鬆散，那是效率想要摧毀的東西。」[1] 基本上，我們適應了兩百年前由製造業推動經濟的體系，在數百萬人在工廠工作的時代，運用的系統在看似理想的環境中運作良好。

當環境改變而我們無法適應時，於是變本加厲採行在一八八〇年似乎行得通的策略。儘管我認為這個策略在任何時代，對大多數人來說都稱不上特別好的策略。現在我們已經來到懸崖邊緣。兩個世紀以來隱約出現在地平線的烏雲，現在籠罩著我們頭頂。該是做出改變的時候了。

我原本以為的個人問題，事實上是普遍存在的問題。我的許多朋友也經歷著相同的挫折和焦慮，他們的同事和家人也是。我只不過是反映出養育我的文化，我們大家都是。

在我們採取任何行動之前，或許最好先暫停一下，看看四周環境，好好評估一下情況。我們必須看清楚（和誠實面對）我們的處境。我們很可能沒有真正意識到自己的習慣和行為。在工業化的世界，許多人擁有我所稱的「忙碌錯覺」，也就是誤以為自己比實際上還忙。說出來可能讓人難以接受，但許多人傾向於認為，自己的工作時數比實際的工時長。

如果這番話馬上讓你覺得反感，我能理解。我知道在一天結束時感到精疲力竭，幾乎無法拖著疲累的身子去遛狗，更別提去煮一頓飯。或許這正是為什麼二〇〇七年興起的快煮餐產業，在十一年後成長如此迅速的原因，產值高達五十億美元。如果你覺得，**我真的工作太多小時了，那不是我在幻想**。我明白，因為我也會這麼想。請耐心聽我道來。

自從一九六〇年代中期開始，美國進行了時間運用調查，因此相當準確地知道平均工時的實際情況。現今男性的工作時數，比起一九七〇年代，大約每週少十二個小時。女性的工作時數較長，部分原因是相較於五十年前，現在有更多的女性擁有全職工作，但她們的無酬勞動已減少達兩位數字。

當在職媽媽記錄下最近幾個星期的日記後，她們發現可以用來陪伴孩子的時間，其實比她們以為的多出許多。事實上，自從一九九〇年代以來，花在工作上的總時數已經不再增加，一般而言，如今的父母親每週花更多時間陪伴孩子。儘管如此，許多人仍然覺得他們的工作時間太長，不時地感到有時間壓力。因此確認你如何花費你的時間至關重要，這麼一來才能找出疲勞的源頭。在這種情況下，寫某種簡單的日記會是有用的工具。如果你持續幾個星期，詳細追蹤你的行事曆，便可以清楚知道你如何用掉你的時間。在你處理與效率和生產力上癮有關的其他任何問題之前，你必須先準確好評估這個癮頭，如何影響你的習慣和選擇。

不管你是否真的超時工作，相信自己時間短缺確實會產生真實的不良效果。當你不時注意著時鐘，即使只是不知不覺的動作，也可能導致績效嚴重下滑。研究顯示，當你高度意識到時間的流逝時，甚至會造成你對別人比較缺乏同理心，此外還可能干擾你做出理性抉擇的能力。因此，感受到時間壓力還會導致你做出關於運用時間的不明智選擇，進而迅速成為一種惡性循環。不清楚自己如何運用時間，會使你感覺到超乎必要的沉重負荷，進一步使你做出帶來更多壓力和焦慮的決定，使你覺得有時間壓力，最終感覺更加吃不消。

瞭解我們如何運用時間，稱作「時間知覺」(time perception)。時間知覺薄弱的人會花費更多時看電視或留連社群媒體網站，而且時常報告說覺得吃不消。

另一方面，具有高度時間知覺的人，十分清楚自己的時間規劃，確實往往能撥出更多空閒時間。這樣的人能騰出沉思和反省的時間，使他們感覺到時間比較充裕。這不是惡性循環，而是良性循環。你也許認為如果你多投入幾個小時，超前工作進度，你就能放輕鬆，然而休息才更有可能減輕你的壓力。

藉由提升時間知覺，我已經徹底改變了我的生活。在一天結束時，我感覺到圓滿，因為我完全清楚自己所完成的一切，同時也覺得放鬆，因為我有空花幾個小時，坐在門廊上讀雜誌。

更加意識到你在清醒和睡覺之間做了些什麼事，雖然只是一個小小的改變，但好處多多。如同我先前提到的，這讓你感覺有更多時間處理你的需求和欲望，而且事實證明，這種感覺更勝於加薪。二〇〇九年的一項研究顯示，即便控制住收入的變數，如果你讓某人相信他有空閒時間，他會感覺更健康和快樂。

你可以注意我說「讓某人相信他有空閒時間」，那是描述一種感覺，不必然是真實發生的事。實驗中沒有人真的找到更多空閒時間，但參與者就是這麼覺得。這種感覺來自於記錄你的時間，毋需改變任何事！不是靠埋頭苦幹和做更多工作，而是靠更多的休息。聽起來違反直覺，但千真萬確。

不過有些基本需求顯然必須被滿足。有人得做好幾份工作來養家活口，這正是我不久之前的寫照，而且我會笑那些叫我要挺身而進或挺出工作的人，因為當時的我處於戰或逃的模式。因此，當然對某些人來說，時間充裕感是遙不可及的事。

然而，如果你不是財務捉襟見肘的人，你或許會發現提升你的時間知覺（知道你如何運用時間），比更高的薪水帶給你更大的快樂。還有不管怎樣，一旦你冒進到更高的收入級距，伴隨著較高薪水而來的往往是更低的幸福感和比較不樂於工作。這是我們目前體制的反諷之一：追求較高的薪水，可能變得較不快樂，而不是更快樂。

我們為了賺更多錢而長時間工作，卻不明白一旦我們滿足了基本需求後，能讓我們更快樂的不必然是額外的金錢，而是空閒的時間。如果你有時間放輕鬆，卻不加以利用，那是一個嚴重的問題。如果你認為一天的時間不夠用，那麼你可能正在經歷不必要的壓力，而且你錯了。

記錄你的時間

不妨從寫日記和記錄你的活動開始做起。務必誠實以對！如果你花了半天時間在推特上，如實把它記下來。如果你發現你花了二十分鐘在線上看鞋子，也把它記下來。畢竟，除了你之外，沒有別人會看見這本日記，而且你越誠實，這個活動對你越有幫助。

一旦你弄清楚自己的工作時數、花在社群媒體和休閒活動的時間，便可開始問自己一些重要的問題。舉例來說，**我想花多少時間在社群媒體或電子郵件上？我想要每天運動嗎？吃一頓飯應該花多少時間？**你可以利用這些問題的答案來替自己創造指導原則。

為了弄清楚自己的習慣，我曾經花了三個星期寫時間日記。為此我只需要買一本筆記本，還有將一天分割成以半小時為單位。每隔幾個小時，我會寫下我正在做的事。三個星期結束時，我明白我每天花大約兩個半小時在電子郵件上，以及花更多小時讀臉書貼文和推特。我每週花三個多小時在網路上購物。

我醒著的時間大約只有十六個小時，所以我驚覺我一天之中有超過三分之一的時間，在網路做多半無益的事情。當我坐在候診室或搭火車時，不是在讀書，而是刷新我的Instagram頁面以及給朋友的貼文按讚，這不是我理想的花費時間方式，而且老實說，我不知道我把時間拿來做什麼事。

制定行事曆

我下定決心，不想一天花超過九十分鐘在電子郵件和社群媒體上（此後，減少至一小時。）為了做到這事，我知道我得徹底改變我的習慣。所以我制定了兩份理想的行事曆，一份是健身日作息，另一份是休息日作息。當我沒有出差旅行時，我在家工作，因此週末對我而言沒那麼重要。你或許發現制定一份平日行事曆和一份週末行事曆，對你比較有用處。

我問自己，**如何每天妥善利用我的時間？**為此我列出我每天想做的事，加上必須做的事，然後將它們分配到我醒著的十六個小時。以下是這些行事曆的內容：

健身日

7:00—起床醒來／照顧狗／穿衣打扮

7:30—蹓狗

8:30—健身

9:30—淋浴

9:45—冥想

10:00—電子郵件和社群媒體

10:30—寫作／工作

12:30—午餐

1:00—短距離散步

1:30—寫作／工作

3:30—自由時間和冥想

5:30—蹓狗

6:30—晚餐

7:30—自由時間

9:00—洗澡或自我照護

10:00—上床睡覺

非健身日

7:00—起床醒來／照顧狗／穿衣打扮

7:30—遛狗

8:00—冥想

8:30—家庭雜務和差事

9:30—電子郵件和社群媒體

10:00—寫作

12:30—午餐

1:00—短距離散步

1:30—寫作

3:30—自由時間和冥想

5:30—遛狗

6:30—晚餐

7:30—自由時間

9:00—洗澡或自我照護

10:00—上床睡覺

這些行事曆非常彈性。我常常得進行訪談或者和朋友碰面，這表示行程會變動。沒有必要為了是否遵循時間安排而苦惱，因為我沒有將行事曆視為一種約束，而是提供幫助的東西，它們只不過是建議罷了。如果某天我在社群媒體上花了四十分鐘而非三十分鐘，我不會擔心，而且我的狗不一定總是每天散步三次（有時散步四次）。

如果我出差旅行，這些行事曆就得大幅更動。然而我發現基本的內容不會改變。我幾乎都能找到時間從事以上列舉的活動，雖然是在非常不同的時段。請記得這是理想的行事曆，理想很少等同於現實。

自從制定了這些行事曆後，我每小時查看電子郵件一次，並且通常將我的社群媒體時間限制在每天一個小時。有時過了幾個小時後，我才發覺我沒有查看信箱，這在以前是聞所未聞的事。週末期間，在早上查看過後，我常會完全忘記電子郵件。我無法描述這是多麼讓人感到解放和輕鬆的事。我在手機安裝一種應用軟體，開啟後能限制手機的使用。如果我啟動這個軟體，然後想要解鎖我的手機，它會問：「真的要嗎？」我就會趕緊放下手機。

我列印出我的行事曆，在辦公室貼上幾份。遵循著行事曆幾個星期後，我驚訝地發現，有許多時間可以做我想做的每件事，這對我來說意義重大。當我瞭解到我的工作並**沒有**失控或不可管理時，一股可察覺的輕鬆感傳遍我全身。我有了充足的時間！

收回生活二

讓媒體退出你的社交生活

真正的朋友是福中之福，
我們稍加努力就能獲得。

——法蘭索瓦·德·拉羅希福可（Francois de la Rochefoucauld）*

全權控制了行事曆後感覺到的愉快心情，很可惜並沒有持續太久。就在我完成這項任務才幾天之後，我和幾個朋友共進晚餐，大家不約而同地馬上開始說他們有多麼忙。這大概是他們開口說的第一件事。我說很高興和你們見面，大家過得如何，得到的回應是，「忙死了，你無法想像。」接下來一個個描述起生活中發生的大小事。

我該學乖的，但我還是加入了這個話題，背誦出一長串我的計畫、約會和責任。當我說到我沒有時間安排看牙醫時，赫然發現自己在說謊。我才剛向自己證明，我有足夠的時間，那麼我為什麼要說自己有多忙呢？

答案當然是同儕壓力。我想要證明我像我的朋友們一樣重要，我想要證明我炙手可熱，也想要表現得合群，所以我落入某些舊習慣。這正是為什麼破除效率上癮的下一步，是停止將自己與生活中的其他人做比較。

停止做比較

藉由比較而非透過客觀的標準，評估我們自己和我們的生活，這是一個常見的錯誤。換句話說，我們拼命地想像朋友和同事那樣忙，或者更忙，而不是想清楚什麼才是對我們最有益的東西。

這之所以成為問題，是因為大多數人在告訴別人他們的習慣和工作量時，不全然誠實。美國勞工部的資料顯示，美國人傾向於誇大他們的工作時數多達十％，他們所宣稱的工時越長，所做的評估越不準確。舉例來說，那些說他們每週工作七十五個小時的人，實際的工時是五十個小時。

這表示你無法贏得這個比較的遊戲，因為人們會不停地加碼。如果你持續跟別人做比較，相形之下，你可能總會覺得自己懶惰。（如果這種比較讓你感覺更好，你恐怕是

* 譯註：以警句和箴言聞名的十七世紀法國作家。

誇大了告訴別人的工作量。）

以下是另一個有趣的難題：由於我們減少了與鄰居和朋友的親身互動，所以用來跟自己做比較的人，往往不是和我們一樣過著類似的生活。這增加了另一層判斷上的不準確。

想像一下一九七〇年時在自家後院的烤肉。你的鄰居過來說起他們的新電視機或洗碗機，或許還吹噓一下他們家新買的龐帝克（Pontiac）Firebird汽車。「比得上瓊斯家」（keeping up with the Joneses）意思是維持一個能和街坊鄰居相提並論的生活水準。那個社區多半由差不多跟你領一樣薪水的人所組成，享有相對類似的生活標準。

由於我們不再舉辦這些烤肉，也不再參加扶輪社聚會，所以我們再也不跟鄰居和同事們做比較。取而代之，我們將自己與不管哪個城市的嬌妻*，以及在電視或Instagram上看到的其他人做比較。如同社會學家修爾的說明，我們現在設法想要比得上的不是瓊斯一家人，而是卡戴珊一家人**。

以前人們渴望躋身比他們更高一階的經濟階級，現在我們努力想趕上收入在前二〇%的人，因為這些人就是我們在電視上看見的家庭。我們從線上和臉書上的影片，看見這些人的生活樣貌。如今世界各地的許多人，對於真人實境秀明星或名人日常生活的認識，勝過對街坊鄰居生活的認識。你電視看得越多，事實證明，越容易高估其他人的收入和他們擁有的財物。

現在，除非某人的年收入約有兩百五十萬美元，否則美國人不會認為他是有錢人。這個數目在美國是被歸類為高收入者的個人實際需求的三十倍，以及美國家庭平均淨值的三十倍。

將自己與國內最高收入者做比較，使我們大家都感覺自己貧窮，因此逼著自己投入更多工作時間，徒然地嘗試創造我們以為別人所擁有的生活方式。科學家已經一再表示，當被要求將自己的生活與其他人的生活做比較，人們都立即想到名人、執行長和政治領袖。由於名人的生活被公開，所以我們經常看見他們。他們已經變成我們的標竿。我毋需贅言，對絕大多數人來說，這是無法企及的標竿。所以所做的比較，只會讓我們覺得自己像失敗者。

持平地說，將自己與別人做比較的這種強迫性，是人類根深柢固的習性，而且並非沒有用處。它是幫助我們融入群體的演化需求副產品，以確保我們不會自外於群體。

如果你害怕爬陡丘，但你的朋友都已經拼命爬上坡，比較你的畏懼和他們的勇氣，

---

* 譯註：作者所說的 Real Housewives of whatever city，猜想是指美國真人實境節目《比佛利嬌妻》（*The Real Housewives of Beverly Hills*）。

** 譯註：指美國播出時間最長的真人實境節目之一《與卡戴珊一家同行》（*Keeping up with the Kardashians*），自二〇〇七年十月首播至二〇二一年三月播畢，共播出二十季。

可能會激勵你往上爬。就像你的同事們如果都在午休時慢跑，你可能也會加入他們。如果你和飲食均衡的人住在一起，比較你自己和他們的食物選擇，會對你產生正面的影響。然而，所有這些比較都是利用你親眼所見之人提供的真實證據和實際資料。這些比較是以你自己的社群成員真正在做的事為基礎，而不是那些遠在天邊的人似乎在做的事。

想要做比較的衝動不必然是壞的，除非我們對別人的看法是不正確的，結果使比較變成沒有根據。在現代世界有一個危險，那就是社群媒體扭曲了我們對別人生活的看法，使得任何的比較都成問題。大多數人相信朋友的社交生活比實際上的更精采有趣。二〇一七年發表在《性格與社會心理學期刊》(*Journal of Personality and Social Psychology*)的一項研究證明此事。

研究人員發現，許多人想像他們的同儕定期和朋友相聚。[1]他們認為他們的朋友正要去參加派對，通常相當喜愛交際，而他們自己大多數的晚上都只是待在家裡。然而真實的資料顯示，我們的同儕並不像我們以為的那樣喜愛交際。

我們常聽說我們在推特或Snapchat上看見的是一種展演，是朋友的生活經過高度剪輯的版本。那不是真的，因為不完整。然而在潛意識裡，我們仍然利用那種不正確的景象，做為我們比較的基礎。

當我們將自己與想像中的朋友和同事的社交生活做比較，便會相信自己比一般人更加社交孤立。這種感覺削減我們的幸福感，使我們覺得格格不入。如同出自二〇一七年某項研究的報告所說：「社會比較（social comparisons）可能涉及自卑、羨慕、焦慮和沮喪的感覺。」

總的來說，這產生兩種達不到的理想：一個以名人和公眾人物的生活為基礎，另一個以被扭曲的真實、不正確的假定，以及對於我們認識的人的錯誤感知為基礎。努力想實踐這些不可能的理想，已導致普遍存在的完美主義危機，尤其在年輕人之中。

研究顯示自從一九八〇年代開始，完美主義在大學生之間越來越常見。對競爭性的個人主義的重視，促成了這種趨勢，尤其是在美國、英國和加拿大。如今，二十幾歲的人比以往更加苛求自己和別人。他們期待完美，比起前幾個世代，對於犯錯更不寬容。

學生們會刪除每分鐘得不到至少一個讚的社群媒體貼文。喬治亞南方大學的沙克斯頓說，他的學生在寫論文時，「執迷於創造完美的作品」。他和其他老師於是開始推廣一種稱作「蹩腳初稿」(Shitty First Draft）的過程。[2]

這個概念因為作家安．莫拉特（Anne Lamott）的《寫作課》（*Bird by Bird*）而流行起來。她寫道：「初稿是小孩子的草稿，你讓它在那裡全部傾瀉，然後讓它到處嬉鬧，你知道不會有人看見它，還有你可以稍後再塑造它。」[3] 沙克斯頓說他有時拼命想叫學生寫出點什麼東西來，但想讓作品完美無缺的壓力，使他們癱瘓。「他們當中有這麼多人想要寫出完美的論文，」他說，「結果花費在焦慮的時間，多過實際生產的時間。」

這種完美主義是專注於外和愛不停做比較的社會的副產品。你原本可能對於自己做的晚餐感到滿意，直到看見別人的Instagram。或者你原本可能喜歡某個電視節目，直到你看見它在推特上被人們討論，聲稱只有白痴才會喜歡那個節目。《怪女孩出列》（*Odd Girl Out: The Hidden Culture of Aggression in Girls*）的作者瑞秋・西蒙斯告訴我，完美主義之所以興起，是因為「家已經變成市場的一部分」。[4]

諸如Pinterest等社群媒體網站，提供持續不斷的影像說服我們，我們可以而且應該要做得更好。「現在Pinterest讓人們以為，」西蒙斯說，「他們的床單不像他們之前認為的那樣好，還有你的杯子蛋糕跟別人的比起來，簡直醜死了。」如果我們坐在家裡，發現自己有一些休息時間，西蒙斯解釋，我們會想，**也許我可以來做新窗簾**。

正是做比較，使我們感覺不如人，尤其是遠距離進行的比較。青少年為了追求完美，感受到越來越大的壓力，關於這點，我和西蒙斯都不見怪。雖說不見怪，但這股正在高漲的完美主義趨勢極其危險。

這種自己給自己造成的壓力，讓身心付出極大的代價。不合理的高標準和嚴苛的自我批評，與高血壓、抑鬱、飲食失調和想自殺的念頭有關聯。治療師會告訴你，你無法同時追求完美和保持心理健康。兩者彼此互斥。

儘管有關聯不等於有因果關係，但值得注意的是自從一九九九年後，年輕人的自殺率已經增加達五六%。某位賓夕法尼亞州的老師將自殺率的上升，聯結到標準化測驗。「美國學生的分組和評分，越來越以測驗分數作為參考，而非課堂成績和其他學業指標。」[5]史蒂文・辛爾（Steven Singer）在《哈芬登郵報》中寫道：「學生不再是六年級、七年級和八年級。他們是低於基礎、基礎、精熟和進階程度。他們被安排的課程、教學方式，甚至個人獎勵和處罰，都是由單一的分數來決定。」

請記住，標準化測驗被認為是追蹤學生進展，以及讓學校負起責任，極有效率的方法。標準化測驗是用來做比較的制度化系統，藉以決定平均值和超出「正常」參數的事物。

完美主義似乎大約在四十年前興起，代表許多早期的高成就者現在已經為人父母，並且不知不覺地將完美主義傳給他們的孩子。「孩子能感受到我們對他們的焦慮，」西蒙斯告訴我，「能感受到我們對他們的不滿意。為什麼我的孩子不想要打造東西？為什麼我的女兒沒有很多朋友？當我們向他們傳送這些訊息時，他們只知道他們不夠好。」父母親可能以為逼迫孩子成為班上第一名，以及在每件事情上做到最好，是在幫助孩子邁向成功，但他們其實是在增加獲勝或回家的壓力。

我問西蒙斯，完美主義的問題有多嚴重，她回答：「我隱約討厭自己是家長和教養專家，你就知道答案了吧？」為人父母者特別容易擔心他們做得不夠。那不是一個新的現象，但現在衡量「足夠」的標準，已經遠高於過去幾十年來的標準。

這是不健康比較的危險。當以不合理或扭曲的理想標準來衡量自己，我們可能會在設法符合這些標準時，造成真正的心理傷害。我想起薛西弗斯（Sisyphus）的故事，他想辦法要將一顆大圓石推上坡，但從來無法到達山頂，也不准休息。倘若薛西弗斯以為他是唯一一個沒辦法把那該死的石頭一路推上坡的人，殊不知他的朋友其實都和他一樣，這樣的情況對他來說豈不雪上加霜？

我們可以終結這種有害的比較習慣。例如停止搜尋網路，查看別人如何做事。如果你想做杯子蛋糕，儘管找個配方就去做。不要遍尋Pinterest去找「終極的杯子蛋糕配方」，也不要買用完後會遺忘在某個抽屜的特殊工具來進行完美的裝飾。因為這麼一來在實際做蛋糕時，你早已將你的興趣消磨殆盡。

烹飪是特別有害的比較來源，尤其考慮到有這麼多人喜歡拍下他們做的菜和貼出照片。知名主廚愛德華・李（Edward Lee）告訴我，他最新的食譜書不放任何照片的原因，是因為他不希望他的讀者因此被束縛住，想要做出和專業策劃呈現的照片看起來一模一樣的菜餚。有些讀者曾告訴他，他們嘗試了他的配方，卻感到失望，因為成品看起來很糟。「可是嚐起來好吃嗎？」他問他們，「好吃才是最重要的事。」[6]

這應該是大多數事物的新標準：只管東西好不好？別管它在照片中看起來的樣子，

問問你自己喜不喜歡它？這東西管用嗎？不要在意你待在辦公室的時間是不是比別人久，只管專注在你的任務上和好好完成它們。別看著朋友的度假照片，用他們的照片來和你自己的做比較，而是應該問說他們是否有好好地享受假期。

拿自己和別人做比較是自然的事，還可能是靈感的源頭。如同我先前所說，除非是不切實際的比較，不然相互比較可以提供激勵。愛德華主廚展示的食物，是經過專家精心策劃操控以及專業攝影師拍攝的成果。所以你做出來的菜可能無法像食譜中的照片那樣。你的自拍也不會像吉吉・哈蒂（Gigi Hadid）*，還有你的家不應該看起來像金・卡戴珊的家。

如果你要拿自己和別人做比較，比到你的朋友、家人和鄰居就好。抱歉套用一下TLC樂團的歌詞，不要追尋瀑布，而是「鎖定你經常去的河流和湖泊」。

請你記錄時間和環顧四周，而非抬頭仰望，此舉似乎顯得天真，但這些簡單的舉動卻可能造成極大的改變。最終，這關乎奪回你的時間，抓住轠繩，別再讓馬兒驅策你。無論你想怎麼描述都可以，總之你要掌控自己的生活，從這個基本練習開始。這不只是跨出使你疲憊不堪、卻哪裡也去不了的跑步機。這是簡單但強而有力的一步。

* 譯註：美國知名時裝模特兒。

收回生活三

起身離開你的辦公桌

在二十世紀我們必須再度全面奮戰，但規模遍及全世界。

——大衛・西蒙（David Simon）*

在亞特蘭大主持每天的廣播節目時，我經常叫我的員工快回家。我寫了一本手冊給我的製作人，裡面包括以下的建議：「不要工作一整天，回到了家就窩在沙發上吃冷凍餐。可靠的研究顯示，強迫自己出門，和朋友上酒吧、吃晚飯、看電影，跟別人碰面和社交，能減輕你的壓力，讓你更有效率。給自己培養一種嗜好吧。」這份指南也建議他們離開辦公大樓去吃午飯，還有大約每半小時休息一下。

但幾乎無法讓我的員工遵循這些建議。即便我從他們的辦公桌旁走過，叫他們站起身，到外面去，甚至當我命令他們下班回家時，他們仍然選擇留下來，投入有時顯得荒謬的幾個小時。

其他公司的執行長和主管也曾告訴過我

相同的事：他們叫員工不要在週末加班和回覆電子郵件，但他們依舊故我。我不知道這些執行長們是否完全誠實，但我保證關於工時原則，對員工說得很清楚，如果你不相信我，可以問問他們。這說明了好員工和好人必須長時間工作的觀念多麼根深蒂固。

現在該是時候了，工作的時數只要足以完成工作就好，不要超時工作。別再選擇待在辦公桌前不離開。

顯然，這只適用於有彈性的行事曆，以及發現自己在週末回覆電子郵件的人。如果你從事以鐘點計酬的工作，而且需要每分每角的薪水以保持收支平衡，較少的工作量大概是不可能的事。遺憾的是，在工業化的世界，有太多人身陷這種處境。

在現行制度下，我們一直像奴隸般遵從企業文化的信條，加上美國收入不平等的問題如此嚴重，全職工作不足以養活兩個人，更別提一個家庭。《瘋狂如我們：美國精神的全球化》（*Crazy Like Us: The Globalization of the American Psyche*）的作者伊桑・沃特斯（Ethan Watters）寫道：「我們的經濟（並非）由公平的概念所形塑，情況正好相反。」企業的價值觀已經滲入到私人生活的幾乎每個層面。[1]

二〇一六年，交通運輸公司 Lyft 發布一篇興高采烈的新聞稿，他們稱之為「一個振

* 譯註：美國作家、記者、電視編劇和劇作人。

奮人心的故事」。一位名叫瑪麗的司機在工作時開始陣痛，在前往醫院途上甚至還讓一名乘客上車。「所幸，這段路程並不長。」新聞稿補充說，帶著不言而喻的眨眼動作。

當我讀到這則「可敬的」故事時，我的下巴都掉了。該公司辦公室裡有人認為這真得很「有趣」，竟然有公司員工感受到如此巨大的壓力，只為了多賺幾塊錢而咬牙苦撐，忍受著宮縮的疼痛繼續開車。可以有把握地假定，工作到孩子幾乎要出生的時刻，並不在瑪麗的生產計畫中。

我沒有和瑪麗說過話，但她可能不太痛苦，並且也樂見事情的結果。我跟許多喜愛他們的工作的Lyft和Uber司機談過話，或許瑪麗將那晚的事看成一個討喜的故事，如同Lyft公司一樣。

但這個故事不只關乎瑪麗，因為它反映了全世界對於工作與生活平衡的態度。瑪麗覺得不得不留在車上，還繼續多載了一名乘客的理由，大概是顯而易見的。許多人為了支付醫療費用、昂貴的房租或者汽車保險而加班，這些不是個人能獨力解決的問題。因此，部分的解決之道必須從政治面著手。

許多工業化國家的現行制度，是設計用來強迫人們長時間工作。試想一下，當你從全職轉兼職時，你會失去的東西，至少在美國而言。你的工時可能從四十小時縮減至二十小時，但你損失的不只是一半的收入。你往往還失去健保和退休津貼，加上病假、休假和家庭假。勞工因為減少工時而遭受嚴厲的懲罰。如果沒有滿足公司對於時鐘時間的愛好，會發生什麼事？

我們必須重新評估我們的政策優先順序，並判斷每週工作六十到八十個小時，是否是成年人可接受的事？根據麻省理工學院的資料，在我住的地區，目前的薪資是每小時超過二十二美元。餐廳員工、園藝造景師或售貨員的平均薪資是每小時十一美元，而且他們通常沒有病假或有薪酬的假期。這是我們的鄰居應該過的生活嗎？那樣的生活是我們想要過的生活嗎？如果想要處理工作過度這個社會弊病，這些都是我們必須進行廣泛對話的一部分。

不過，我想像著許多正在讀這本書的人不是這種處境，而且至少擁有一些時間上的彈性，可以選擇是否要在下班時間工作。如果你每週的上班時間超過四十個小時，加上晚上回覆電子郵件，或在週末寫備忘錄，那麼你最有可能縮短你的工時，而毋需政策的全面改變或經過老闆的允許。

如果你的目標是減輕壓力和變得更快樂，多年的科學研究已經證明，最好的辦法是用金錢換取時間，而非用時間換取金錢。在一項從美國、加拿大、丹麥和荷蘭蒐集資料的研究中，獲得的結論是：「買時間來促進快樂。」[2]換句話說，付錢請別人幫你割草、洗車、打掃房子或洗衣服，是善用你的金錢的方式，即使這代表你無法買更大台的電視機或者度個豪華假期。

買時間會讓你提升對生活的滿意度，而感覺匱乏則會導致較差的睡眠型態、焦慮、比較不快樂，甚至與肥胖有關聯，因為感覺自己太忙碌的人，比較不會去運動或均衡飲食。

出乎意料的是，在這個例子中，比較富有的人有一些不利之處，因為他們更可能將空閒時間用來從事最終會造成壓力的事，例如購物和通勤。因為他們沒有機會讓頭腦休息，也更容易感覺時間緊迫。這份報告說：「光是讓人們覺得他們的時間具有經濟價值，就會導致人們感覺沒有足夠的時間。」當時間等於金錢，而金錢的數量增加時，更容易認為我們承受不起浪費時間。

我知道這麼說很惱人，當你為錢所困時，還聽到有人說有錢買不到快樂是很傷人的。然而，當你的收入高過某個水平時，你真的是用健康和快樂來換取微幅的加薪（超時工作通常能使薪水增加六％到十％）。一旦你達到可維持生活的收入水平，更多的金錢並不會使你更快樂，但空閒的時間可以。

相信我，我不是想告訴你金錢不重要。金錢絕對重要，而且貧窮會牽扯上種種負面的結果。我的大半輩子過著經濟拮据的生活，就像大多數的美國人。事實上，四〇％的美國人如果不借錢，無法應付四百美元的緊急開銷。而且從過去的經驗，我明白擔心可能會發生什麼事，而讓你的世界變成一團亂，這樣的壓力有多大。

我清楚記得，身為單親媽媽的我，曾身兼職數來應付我的責任，多麼自豪能有一千美元的存款。就在那個星期，有人偷走我兒子的背包，那時他正和朋友在公園裡玩，重新買用具和學校課本花了我四百二十五美元，我為此身心交瘁。所以我瞭解總是處在災難邊緣，是多麼讓人感到疲累的一件事。

即使你的財務狀況勉強穩定，你可能也會選擇加班工作，就像我一樣，因為你相信這最終能改善你的處境。你可能像我一樣，相信無酬的加班會受到注意和獎勵。

但我的收入終究沒有因為加班工作而增加。我的好運不是任何一位心懷感激的老闆或經理賜給我的，交上好運是當我的ＴＥＤ演講受到歡迎時。演講是我選擇在空暇時所做的事，我沒有從中獲得報酬。想像一下，倘若我總是將空閒時間投資在自己和創意上，而不是一味地替我的公司再多生產一個故事？

如果快樂是你的目標，那麼超時工作可能使你更加遠離維持財務穩定的目標。再者，如果你的目標是更有生產力，那麼匆忙的行事曆正好造成反效果。

事實上，我們幾乎一百年前就知道這個結果。在一九二〇年代，亨利．福特注意到，當他的員工工作過久時，他們的生產力會下滑，而且失誤次數急遽增加。這正是福特決定實施每天工作八小時，每週工作五天的原因。「我們從經驗得知，從六個工作天改成五個工作天，我們至少可以在五個工作天中獲得和六個工作天一樣的產量。」他說，「就像八小時工作日開啟我們通向成功興旺之路，每週工作五天，同樣讓我們邁向更繁榮的道路。」[3]請記得，福特並沒有發明汽車。他最大的革新與提升效率有關，而他只不過是發現長工時沒有效率。

將近一個世紀後，福特的結論一再被證明為正確。「帕金森定理」說得清楚明白：工作隨著可使用的時間而延長。所以如果你知道，只有兩個小時可以寫完一份議程，研究顯示這項任務就會花兩小時時間。如果你有四個小時做這件事，那麼同樣的任務會突然需要兩倍的時間。帕金森寫道（前述定理因他而定名）：「對該項事實的普遍認定，顯現在此句諺語：『最忙的人才有多餘的時間。』」[4]

或許長工時無濟於事的原因，在於人類大腦不是設計用來投入過長時間不停的工作。福特裝配線的員工如此，同樣的道理更雙倍適用於現今的知識工作者。

一九五一年，伊利諾理工學院（Illinois Institute of Technology）的兩個人追蹤他們在科學和技術領域工作的將近兩百名同事，他們發現那些投入過多工作時數者是當中最沒有生產力的人。[5]當人們在實驗室度過了數十個小時後，他們的勞動所獲得的回報會減少。事實上，這群人之中最具生產力的人，是每週工作十至二十小時，或者每天工作二至五個小時的人。

儘管如此，我們卻是依據長時間不停的勞動最具生產力的概念，來設計我們的工作場所。兩百多年來，我們設法使人類的身心如同打造出來的機器般運作，或者更晚近的，像我們所使用的電腦。你還記得約翰・亨利（John Henry）的傳說嗎？根據民間故事的說法，前奴隸約翰・亨利是切薩皮克與俄亥俄鐵路公司（Chesapeake and Ohio Railway）最強壯、最多產的鑽鑿工。傳說告訴我們，他挖穿一座山以鋪設鐵軌。

故事說到，某天來了一位帶著蒸汽動力鑽具的人。根據歌曲的說法，約翰回答：「男人得做個堂堂的男子漢，否則便一文不值，被你的蒸汽鑽具打敗之前，我就算死也會握著我的鐵鎚。」我們被告知亨利的確打敗了蒸汽鑽具，但後來因為精疲力盡而倒地死亡。

在我看來，這是典型的工業革命故事：一個人以死證明他比機器優秀。歷史學家多半同意約翰・亨利的故事可能以真人為本。[6] 數以百計的非裔美國人死於挖掘西維吉尼亞州的大彎隧道（Great Bend Tunnel），這是約翰・亨利歷史公園（John Henry Historical Park）的所在地，他們現今長眠於鐵軌附近被遺忘的無名墳墓。

蒸汽鑽具、輸送帶或電腦可以不停地幹活，但人類需要定時休息。我們無法持續不停地活動，我們適合間歇的律動。

提供合適的工作環境，人類大腦便能完成不可思議的事。事情越來越清楚，最理想的安排方式是短時間極專注地工作，接著是定時的休息。研究顯示如果你連續工作五十至五十七分鐘，接著短暫休息一下，能夠完成更多事情。還有在這樣的安排下，由於更可能動用到大腦的執行部位，因此你的工作會更有洞察力和創意。

調查發現一般人保持專注的時間略少於一個小時，但別忘了你是個別的人而非一般人。你的個人理想狀況可能更接近四十分鐘或六十分鐘，這件事你得自行測試和發現。

縮短工時的實驗，結果可能很驚人——我從經驗便能知道。我可以向你保證：別人已經測試過，而且成功的程度超過預期。我們有真實世界的例子可參考：縮短員工的工時並沒造成組織的生產力下降。

還記得瑞典那家大幅縮減護理師和員工工時的醫院？整形外科部門的每個人一天工作六小時，每週不超過三十小時，這在醫療產業界幾乎聞所未聞。

為了彌補減少的工時，該家醫院的管理階層準備雇用額外的員工，卻驚訝地發現沒有必要這麼做，因為他們的生產力並未下降。事實上，醫院的執行董事告訴《紐約時報》：「該部門所執行的手術件數增加二〇％，並產生額外的治療業務，例如原本會去別家醫院做的髖關節置換手術。」[7] 他還說，一度必須等候好幾個月的病患，現在只要幾個星期就能進手術室。

當可以使用的時間越少，你會自動專注於手上的任務，忽略不相干的事。你的工作品質隨著分配到的時間減少而上升，因此你在四小時中完成的事，往往多於五小時完成的事。

不妨像我一樣，可以自己測試一下。你只需記下何時開始工作，一次專心做一項任務，當你分心或煩躁時便停止工作。記下那個時間，接連幾週記錄你的工作時數。這個過程帶給我啟發，而且幾乎完全符合目前對於人類注意力持續時間的研究。

我的持續時間落在平均值，我一次只能專注三、四個小時。不過要強迫我自己起身走開並不容易，因為我拼命想要持續到做完每一件事，所以會埋頭苦幹。有時如果想要把我撬開，恐怕需要海克力士的力氣，因為我必須不停告訴自己，較短的工時等於較高的生產力。

平均來說，我每天最多只能專注四個小時。我也發現我每週需要休息一天，有時兩天。如果沒有經常休息，我發現我會更容易分心、更焦慮和更有壓力。

我有生產力嗎？我認為我有。我是非常投入的單親媽媽（我那讀大學一年級的兒子會說**過度**投入），我在不到三年的時間裡寫出兩本書，同時還主持一個每天播出的廣播新聞節目，以及在全世界各城市發表兩百多場演說。我的社交生活非常活躍，包括烤肉、外出吃飯還有在當地公園散步。我儘可能維持生產力，我想。

你大概也想到，在工作上保持專注力的時間長短因人而異。麻省理工學院講師羅伯特・波曾（Robert Pozen）建議，工作七十五至九十分鐘後再休息。「在那段時間內，」

他告訴FastCompany.com，「你能專心完成許多工作。我們之所以知道，是因為我們研究了專業音樂家，這是他們最有生產力的練習時間長度，也是大多數大學課程的上課時間長度。」[8]

另一方面，其他實驗顯示，持續不停的工作時間應該大幅縮短。軟體新創公司Draugiem Group記錄員工的時間運用，發現當中最具生產力的人，在工作了五十二分鐘後休息十七分鐘，一整天周而復始。在該項研究的報告中，研究人員說，他們的工作時段「當作全速衝刺，為此（最有生產力的人）得好好休息」[9]。如同我先前提到的，我最後如法炮製，大約每五十分鐘休息一下。

順便一提，你可以依據每次做一件事的時間長短，將時間分成更小的區塊。花二十分鐘處理電子郵件，接著花十分鐘打電話給同事，然後花二十分鐘處理試算表，之後起身離開辦公桌。

不過在這個分心的時代，我們鮮少能真正地專心。在柏林音樂學院（Berlin Academy of Music）進行的一項實驗中，研究人員記錄年輕音樂家們的練習習慣。幾年前這項研究因為麥爾坎・葛拉威爾而出名，成為他的理論基礎，這個理論說我們得投入一萬個小時的練習，才能真正精通任何技術。[10]

我認為該項研究最有趣的部分，是最優秀的學生用相等的空閒時間平衡工作時數的傾向。研究的作者們相信，這些年輕人有時間放鬆，是因為他們從事所謂「充滿努力的活動」，也就是刻意的練習。

心理學家艾利信（K. Anders Ericsson）說刻意的練習，意思是「以完全集中的注意力從事某項特殊活動，以提升其表現」。這並非不需要動腦筋的剁蔬菜，或不停地反覆彈奏樂器音階，而是專心投入工作，這時學生們高度意識到自己的表現、他們所犯的錯誤和做對的地方。他們留意著他們選擇要做的事，以改善其演奏和專注在能強化其弱點的練習。如同這項研究的說明：「一度被認為反映與生俱來天賦的特點，其實是最少長達十年密集練習的結果。」

然而，最優秀的學生不僅高度意識到他們在練習室花了多少時間，也能非常準確地估算他們花了多少時間放鬆或從事社交活動。他們注意到他們總共花掉的時間，而且保持工作與定時休息的平衡。他們的練習和閒逸都是刻意為之。

換句話說，水準尚可的音樂家要成為優秀的音樂家，必須允許他們的大腦律動、交替地專心工作和刻意休息，並持續這種模式長達許多年。可惜大多數人在工作時，無法真正得以保持專注。我們常常在開電話會議時一面查看電子郵件，並在瀏覽器上開八個標籤。同時還有某個朋友傳簡訊給我們，討論週末的計畫，而我們還得回應臉書的通知。「想像我們是身負超級任務的忍者，以超高效率處理接踵而來的一切要求和訊息，這種感覺讓我們充滿活力。」[11] 商業心理學家湯尼．克雷布（Tony Crabbe）在iNews的一篇文章中說道。

我們迅速切換任務的普遍傾向已被充分證明。加州大學爾灣分校（UC Irvine）的團隊追蹤一群工作者數星期，發現大多數人約莫每隔三分鐘就切換任務。大約一半的時間，我們會打斷自己。舉例來說，我們正在寫報告，過了幾分鐘後突然決定在Amazon上找尋某個東西，或者買電影票或很快寄一封電子郵件給朋友。

當我們像這樣切換任務時，感覺起來有效率，但其實是錯覺。一旦你因為任何理由而打斷注意力，平均需要二十三分鐘才能回復到完全專注的狀態。

還有，我們每次從試算表轉移到信箱或eBay再回來，都得付出一種認知上的「切換成本」。從一件事切換到另一件事，縱或只需要不到一秒鐘時間，但最終總合起來，卻浪費掉許多時間。

讓我們來計算一下：想像你一天在電腦上工作五個小時。如果你每隔三分鐘就切換活動，那總共會有一百次中斷，而你每次這麼做，都損失大約一秒鐘。最後這些切換成本加總起來，你損失多達四〇%用來生產的時間。[12] 再者，當你頻繁切換時，更可能會犯錯。你的大腦不是在巔峰表現下運作，因為它持續從一件事跳到另一件事。

這表示營造一個能讓我們真正專心的環境，能使我們用更少的時間完成工作。雖然管理者傾向於重視花費在工作上的時間，但沒有證據證明工時長能產生更好或更多的工作成效。事實上，波士頓大學的某教授對一大群顧問進行研究，發現管理者無法區分，每週真正投入八小時工時和假裝投入的人。[13]

他們的生產力並無明顯的差異。這位歷史學教授利希滕施泰因告訴我，「你無法衡量的東西，不能作為獎勵的依據。」這可能就是為什麼主管們如此關注工作時數。[14]幾十年來，企業界一直執迷於度量法。管理者喜歡明確的衡量標準，讓他們藉此就能判定成功或失敗。工時是用來衡量員工績效最容易的方法之一，總工作時數只是無意義的統計數字。事實上，目標設定會有助益，然而替員工制定衡量績效的標準，往往造成反效果。

度量法有其用處，甚至能帶來啟發，但一旦過度使用，或用來測定難以衡量的事物，例如創新，度量法反而變成有破壞性。設法達成數字上的目標，對於人類心智也沒什麼特別的啟發效果，因此度量法不能鼓勵有創意的思考。調查透露三〇％的知識工作者聲稱，他們在工作時完全不思考，而六〇％的人表示，他們動腦思考的時間不到一個小時。持平而言，這幾乎完全缺乏腦力刺激。

藉由記錄武斷的時數來證明你的價值，這不只是愚蠢，更是扼殺生產力的做法，更嚴重的是還危害你的健康。所以趕快起身，走到外面去吧。

收回生活四

投入於空閒時間

工作是為了獲得空暇，而空暇是快樂之所依。

——亞里斯多德（Aristotle）

一旦瞭解到我是按照工作場所的模式來塑造生活，我赫然發現生活中的許多選擇，原來都受到企業重視效率的影響，而且這種影響無所不在。

我開始記錄我的時間並減少工時，但我顯然需要更多時間才能解放自己。我持續努力使自己解脫出來，以及創造工作與家庭之間的明確界線。我就像一株長在鐵絲網圍欄旁的樹，經過幾十年後，發現我的根和樹枝與鐵絲網交纏在一起。現在想要拔出來，需要輕手輕腳和大量耐心。

對我來說，下一步是處理我多工成癮的問題。不只是處理它，而是予以終結。設法同時做好幾件事，而不利用大腦天生在專注與休息之間律動的傾向，對我們豐富多產的腦力不啻是一種浪費。花在電腦上或開會的時間，以及從某個任務切換到另一個任務，直到時間結束，構成了我的工作生活。但這種結構並非為了我的人類大腦而設計，必須被拆除。

如果你把手機關靜音、關閉你的信箱，並且真正專心寫完一份報告，研究顯示你完成的速度會提升四〇％，犯下比較少的錯誤，而且會有大量的時間在辦公大樓附近散個步，放鬆你的大腦。

定時休息是非常重要的事，不能隨機或憑一時興起而為之。我發現必須用規劃瑜珈課或商業會議的方式，來規劃我的空閒時間。

休息的方式有兩種：空暇和放假，或者空餘時間。空餘時間不算真正的休息。如同塞巴斯蒂安・格拉佳（Sebastian de Grazia）在他一九六二年的書《論時間、工作與空暇》（*Of Time, Work, and Leisure*）中的解釋，我們所稱的「空餘時間」是從工作之間找到的時間。它與工作密不可分，是為了讓我們重新充電，以便感覺重振精神，再回到工作上。

另一方面，空暇有別於工作。空暇不應被工作污染，意思是在這段時間內，不查看電子郵件或回覆工作上的電話，也不擔心從事的活動可能影響到你的工作生活。空暇的目的不是為了讓你更精進你的工作，而是讓你享受你努力工作而得來的生活。

不管你花多少時間專心工作，只要到了該起身離開和休息的時候，一定要確保讓你的大腦得到休息。這時不要傳簡訊或者線上購物。不要再去想任何有關任務的事。停工時間有益你的大腦，這時大腦也處於極為多產的神經狀態。當你不指揮大腦去做特定任務時，便啟動了預設網路。

預設模式網路活躍於我們允許心思漫遊時。預設模式網路被啟動時，它會在我們的記憶中運作，將過去的事件放進背景中，並對於已經發生的事進行道德評判。它也會想像未來，試著瞭解別人的情緒，以及反映我們自己的情緒和決定。預設網路對於同理心、自我反省和心智理論（Theory of Mind）——亦即想像別人可能在想什麼的能力極為重要。

讓我們的大腦切換到預設模式是我們幸福的關鍵。那是許多創意和創新的源頭，因為當大腦不被指揮去解決某個問題或完成某項任務時，它會積極重組我們的記憶和情緒圖塊。

實際上，只有當你允許大腦漫無目的地漫遊時，它才會切換到預設模式。那不是懶散，因為這時你可能在慢跑或擦拭櫃檯。

心理學家阿曼達・康林（Amanda Conlin）和蕾麗莎・巴柏（Larissa Barber）警告說，我們常在工作時間中錯誤使用我們的休息時間。他們在《今日心理學》（*Psychology Today*）雜誌中寫道：「有效休息的一個關鍵要素是心理鬆脫（psychological detachment），指的是從心理上脫離工作思維。藉由轉移我們的注意力，這種鬆脫幫助我們直接減少造成疲勞的工作要求，並且自然地恢復。」[1]

如果你決定在休息期間打電話給你親愛的人或朋友，要克制住談到工作的誘惑。單純休息就好，千萬不要走進辦公室的廚房，花十五分鐘跟同事談起工作的事。好好喘口氣和按下暫停鍵。我讀到媒體策略家斯圖·洛瑟（Stu Loeser）的一篇推文，把我給逗樂了：「我搭乘Acela特快車（火車），旁邊坐著一位女士，她的雙手放在膝上，靜靜望向窗外。沒有拿出電腦，沒有拿出平板電腦，沒有拿出手機。只是平靜地看著外面的世界向後移動。像一個精神病患者會做的事。」我回覆斯圖：「我有時就是那個精神病患。」

當你不在工作時，你可以享受真正的空閒，而不只是休假。你可以完全不理會與工作有關的憂慮，而且你應該努力做出完全的隔離。我明白立即回覆電子郵件和簡訊，感覺是必要的事，但那種習慣非常苛待你的身心。

研究顯示，在家時間感覺與工作更鬆脫的員工，在情緒上更健康，對於他們的生活也更滿足。他們比較不容易感覺情緒透支，也報告說得到更好的睡眠。[2]

我認為在我推薦的各種改變中，這是最容易達成的一種。我只要求你放輕鬆，還有以能讓你放鬆的方式安排你每天的時間。如同經濟學家約瑟夫·史迪格里茲（Joseph Stiglitz）所言，我們「藉由享受空閒」來學習如何享受空閒。

每天撥出一段時間做沒有生產力的事。沒有目的地的散步，不用在意你走了多少步。走出戶外，在大自然中和別人一起散步，能降低壓力和減少抑鬱症狀，所以步行穿越公園吧。

我時常將手機設定在「勿擾模式」，一次長達幾個小時，只接收來自朋友和家人的電話和簡訊。跟工作有關的電話可以等一等，確實也能等。我甚至開始每週撥出一天時間作為「不可碰觸日」，這時我不查看電子郵件信箱或社群媒體，不受打擾地度過我的一天。

每逢星期一，我不查看社群媒體或電子郵件和簡訊。如果有電話打進來，我會接聽，但幾乎沒有人打來。自從開始這麼做之後，我已經更能杜絕分心，利用那天來寫作和從事需要專注的其他任務。但我必須承認，頭幾個星期很辛苦。

在我的第一個不可碰觸日，我查看電子郵件超過十四次，有兩次我甚至沒有發覺，直到有人寄了一封電子郵件給我，說「你今天不是不應該碰電子郵件嗎？」而事實是生活以電子郵件為中心，在許多方面超乎我所知道的程度。

雖然我關閉了手機應用軟體幾乎所有的通知，但每當我瞥見螢幕，仍然看得到信封圖示旁邊未讀項目的數量。還有，我的網路瀏覽器的啟始螢幕包含了電子郵件網頁，所以信箱會自動開啟。

端看你查閱哪項研究，一般成年人每天花二至六個小時回覆電子郵件，其中至少三分之一並不急迫。我猜想遠超過三分之一既不重要也無時效性。我可以不停引述相關研究和調查，但歸根究柢是這個問題：電子郵件危害生產力。所以如果想要在我的不可碰觸日真正做完事情，那麼戒除我的電子郵件癮至關重要。

話雖如此，我發現我無法處理關於孤立的問題，而且也必須顧慮到別人的期待。人們期待快速回應。在這個時代，任何沒有透過簡訊或電子郵件快速回應的事，都會引起關切。大多數簡訊在收到的三分鐘之內被閱讀，而根據南加州大學維特比工程學院（Viterbi School of Engineering）的分析，一般電子郵件大多數被回應的時間是兩分鐘。

我解決（大多數的）這些問題的辦法如下。首先，我在星期天晚上最後一次查看電子郵件，並開啟假日應答器，寫說：「每逢星期一，我不回覆電子郵件或簡訊，因為我在寫作。如果有急事，請打電話給我。」順便一提，已經將近一年時間沒有人曾打電話過來。

第二，我更改我的電子郵件簽名檔，以處理對回應時間的期待。現在，我全部的訊息都用以下的話做為結尾，取代簡潔的說明：「我每天只查看電子郵件二到三次。如果有急事，請打電話給我。但事情真有那麼緊急嗎？」我希望人們會隨著時間過去，而停止期待立即得到我的回覆，還有過了好幾個小時，甚至好幾天後才收到回信時，他們會因此感覺舒坦些。

第三，我改變了我的手機設定，所以再也不會看見我的信箱裡有多少封未讀郵件，還有每逢星期一，我將手機設定在只讓電話進來的「勿擾模式」。

結果如何？在其中一個不可碰觸日，在我的大腦過熱之前，我寫出四千字。然後我烘焙了一些司康，還帶著我的狗蹓了一整個小時，之後依然還有時間看點Netflix，接著讀一本書，並且在合理的時間入睡。我也睡得很好。

我知道要讓你的腳放開加速的油門，是一件可怕的事。但請你相信我，你會更享受你的車程。你不需要特殊的應用軟體，或專家指導你如何「駭入你的空閒休息時間」。有時拼命想要改善我們所做的每件事，反而可能妨礙進步。停止想要改變什麼，暫且好好地過日子。

你當然不必非去散步不可，那時常是我的選項，但你用不著一定這麼做。在你的手機關機時，可以選擇看電影，或坐在咖啡店裡讀一本小說。去玩拼圖或填字遊戲，或整修你的車子，或者只是洗個熱水澡和聽音樂。無論你想要做什麼，當你的行事曆空白時，好好去做這件事，別想到工作的事。

甚至有科學證據顯示，看貓的影片對你有好處。[3] 越來越多證據證明，有品質的空閒時間，意思是真正脫離工作顧慮的空暇，最終能使你更擅長你的工作，且對你的工作更滿意。「生產力科學似乎像是用來合理化懶惰的組織化陰謀。」德里克·湯普森（Derek Thompson）在《大西洋》雜誌中寫道。他稱關於空閒的發現和假期，以及可愛動物影片，

「好到幾乎不像是真的」。4

工作是必要的，並且當你從工作中感受到目的感時，能實現個人抱負，但工作不是你存在的正當理由。請記得從生物學和演化的角度而言，我們並非「生來就是為了工作」。

然而，我們被設計成與其他人產生關係，以及與朋友和家人形成連結。工作是用來獲得其他必需品的手段，但歸屬感是我們的基本需求。這也正是為什麼，我們也必須撥出時間和別人社交。

收回生活五

建立真正的連結

一個人能做的事情非常有限，然而集眾人之力，我們能成就大業。

——海倫・凱勒（Helen Keller）

專注在自己身上、仔細思考你的需求和投資你的未來，這麼做是好的，但花時間強化你的社群也同等重要。

如果你每晚花一、兩個小時在社群媒體，不妨從中撥出一些時間找朋友一起喝咖啡，或者去聽音樂會。你可能覺得你沒有這個時間或力氣，但這或許是因為你不知不覺在線上浪費了時間。如果你每天只有兩個小時的社交能量，你可能將時間花在臉書上跟某人論戰，或者跟某個朋友聊天。

別以為面對面的聚會是在浪費你的時間，事實上這麼做是在善用時間。缺乏社交關係有時也和缺錢有關。當你覺得快樂時，你更可能與別人建立正向的關係，而這些關係可能使你的收入增加。比較不孤獨的人往往有更多收入。

社會心理學家吉莉安・桑德史卓姆（Gillian Sandstrom）是社交互動和談話專家。她和伊莉莎白・德昂（Elizabeth Dunn）在二〇一四年進行了一項實驗，發現許多人避免與雜貨店和咖啡店店員閒聊，因為他們在趕時間。然而如果我們花一分鐘時間進行這些談話，會得到許多好處。「在目前的研究中，」桑德史卓姆和德昂寫道，「與咖啡店店員有社交互動的人（亦即微笑、目光接觸和簡短對話）比起儘可能追求效率的人，體驗到更正面的效果。」這正是為什麼她們最終將這份報告取名為「效率是否被過度高估？」[1]

我們卻持續抗拒想要和人閒聊的衝動，我不確定為何會如此。為了弄清楚我們為何避免極度需要的社交互動，我前往英國與桑德史卓姆博士共度了幾天。桑德史卓姆也試著回答這個問題，並相信可能是恐懼和焦慮，阻止了人們對外接觸。因此她做了一項實驗，希望能訓練人們和陌生人說話，從而提升他們在進行社交互動時的自在程度。

在這項實驗中，研究參與者每天透過一個專門的手機應用軟體被分派任務。這些任務指示他們去讚美某人穿的毛線衣，或者跟某個戴眼鏡的人說話。參與者被要求在一個星期內，跟不少於四個陌生人交談。

我參加了實驗的訓練講習。我詢問與會的人，他們是否覺得在一個星期內很難開口跟四個陌生人說話，大多數人（超過我訪問的人的八〇％）回答是。後來我問到幾個已經完成實驗的人，他們都說喜歡這麼做，並且發現事情其實不困難。其中一位學生安柏・

布萊德（Amber Brad）說，得面對面跟別人說話，而不是傳簡訊給他們，起初讓她覺得受挫，但結果是愉快的。「你真的無法透過簡訊來表達情緒，」她告訴我，「事情可能會遭到誤解。」

另一名學生唐納・柏金斯（Donnell Perkins）贊同她的說法：「傳簡訊不是真正的談話。談話伴隨著大量的情緒，比較長的交談使我心情振奮。我甚至設法延長談話時間，因為我變得更喜歡說話。」從年輕人那裡聽到這些話，讓我相當驚訝，因為七五％的千禧世代寧可要一支只能傳簡訊的手機，也不要只能打電話的手機。

跟已經完成桑德史卓姆博士的實驗的人說話時，我一再聽到這些感想。這些發現與研究人員在全世界進行實驗所得到的結果大致相同：人們通常預期他們不喜歡跟人面對面說話，或者講電話，但在被迫去做時，卻喜歡這件事。所以你得強迫自己這麼做。

可惜生活不再被設計成能容納社交互動。我們的汽車已經變成迷小的生活空間，手機使我們得以疏遠其他人，我們的家都成為鮮少離開的泡泡。過去幾十年來，土地尺寸相對於房屋尺寸的比例已經下降，因為人們增加了屋內空間，不再到戶外度過他們的時間。

有一名艾塞克斯大學（University of Essex）的職員告訴我，這個實驗性的遊戲鼓勵她，最終開口和一些鄰居說話。人力資源部門的計畫專員曼蒂・福克斯（Mandy Fox）

告訴我，她曾經在街上見過他們其中幾個人，看見他們在照料花園或者蹓狗，但她從來沒跟他們說過話。「這個遊戲給了我向他們打招呼的藉口，此後我已經和他們當中的幾個人進行過簡短的談話。」她告訴我：「同樣的事情也發生在我女兒學校的工友身上。我見過他無數次，和他相距只有幾英尺遠，但從來沒說過半個字。我為了這個實驗開口和他交談，現在我每次見到他都會閒聊幾句。」

如果我們許多人真的都需要一個藉口，來開啟跟陌生人或鄰居的談話，那麼我完全允許你拿我當作藉口。如果這麼做對你有幫助的話，告訴他們，你被要求每天和某人說話。不妨跟你的同事和計程車司機聊聊天。你或許害怕閒話家常，但接二連三的研究顯示，這些談話使你更健康快樂，而且更放鬆。真實的社交互動所帶來的好處是立即且原始的。撥出一些時間和朋友說說話，或者當你在外面走動時，確保與陌生人接觸。

在現今這個時代，別人不太會在電梯和地鐵上和你聊起來，所以你要採取主動，說聲早安。如同行為科學家尼古拉斯・埃普利（Nicholas Epley）說的，很少人會主動揮手，但幾乎每個人都會揮手回應。[2]

從生物學角度來看，人類非常受益於社交接觸，即便只是在街上與陌生人擦身而過時的目光接觸和點頭示意，都可以提振我們的心情和心理健康。雖然只是小小的動作——微笑、點頭或揮手，也有助於讓你感覺與社群更緊密地連結。電梯裡的某人給你的一聲短短問候，會讓你感受到一絲歸屬感。

這些短暫的互動當然不能取代長期的關係，也無法真正滿足你的歸屬需求，但它們會讓你感覺更舒服和減輕壓力。還能鼓勵你投入更多心力找尋知己，或者花更多時間和你的密友相處。

如果你從本書中別無所獲，我也希望你瞭解人類在合群時會有最好的表現，還有，人類心智與別人連結時能發揮最大效用。這或許不是最有效率的生存方式，但最能增進幸福。

去加入社團、參加圖書館或書店的讀書會，或者報名當地公園的團體健行活動。成為保齡球社或扶輪社會員，聽起來也許老派，但這些社交網絡可能真的會救你一命。我兒子每逢星期六都在當地某家桌遊店，和朋友一起玩複雜的棋盤遊戲。

和親戚一起玩牌顯得傻氣，而與老同學閒聊八卦似乎是無聊的事，然而定期的社交活動有如戒菸，能延長你的壽命。避免社交接觸將使我們更容易生病，而尋求社交接觸則讓我們更健康。事情真的就是這麼簡單。

團隊合作

由於人類被完美地設計成要與別人攜手合作，因此你接下來要做的改變，是儘可能以團隊合作的方式工作。要解決我們現代人對於生產力和效率的執迷，或許最有效的辦法是利用人類的蜂巢思維（hive mind）。按吉卜林（Rudyard Kipling）* 的話來說：「狼群的力量源自於狼，而狼的力量來自狼群。」[3] 當一隻孤狼或許聽起來很酷，但真正孤獨的狼活不久。

我們已經演化成進行群體思考以及和別人交流想法。對於數十年前不同行業的資料所做的分析顯示，即使是最有經驗的專家，當他們的建議與知識沒那麼豐富的人的建議合併起來時，能達成更好的結論。

進行腦力激盪或者產生新想法，通常在獨自進行時成效最好，這時人們可以安靜地保持專注。然而評估這些想法或選擇最好的施行方法，則應該是一種集眾人之力的活動。接二連三的研究顯示，在許多種任務上，從數學、語言問題到商業決策，團體合作的表現勝過個人單打獨鬥。三至五人為一組的學生屢屢能贏過最聰明的學生，而且他們

＊ 譯註：英國作家及詩人，諾貝爾文學家得主。

比較不容易出錯。

奇怪的是，我們在職場上卻往往反其道而行。我們為了產生新想法而召開腦力激盪會議，卻回到辦公室去決定哪一個主意最符合我們的需求。這種作法應該倒過來才對，先獨自進行腦力激盪，再由大家一起評估或分析。有一個實用的原則：允許多樣化的群體獨立做決策，效果更勝於高價聘請來的顧問。

可是我們往往獨自做決定，因為覺得這樣更有效率。「由委員會設計」是一個常見的貶義詞，用來描述因為包含了太多人的意見，而有缺點且平庸的計畫。大多數人都有過開工作會議的經驗，在會議中同事們否決好的想法，挑剔無意義的細節，或者一貫支持最安全的選項。

然而在這些場合中發生的錯誤，不在於蒐集許多人的意見，而是設法要達成沒有絲毫衝突的共識。達成一致的意見是為了舒適和避開爭議，但舒適是創新的大敵。

認知的多樣化使許多人感到困窘，因為它總是帶來不同的意見，卻是有創意的問題解決方案和準確性所不可或缺。這是我們大型的智人大腦被設計用來回應和利用的事。

我們一再發現比較好的決策是集組織裡所有員工的意見而成，並非仰賴某位執行長或某個經營團隊的判斷。「無論某專家多麼的見多識廣和經驗老到，他的建議和預測都應該與其他人一起集思廣益，以便充分發揮他最大的功用。」詹姆士・索羅斯基（James

Surowiecki）在他的書《群眾的智慧》（*The Wisdom of Crowds*）中說：「在面對複雜的情況和不確定性時，你給某一個個人越多權力，越可能做出壞的決策。」[4]

大多數的企業都不是建構來蒐集所有員工的意見，那麼實際上我們能如何進行？假設你正在決定召開年度會議的地點，你可以要求你的團隊成員提出他們的想法，因此他們是獨立地想出建議。然後你蒐集這些想法，由團隊加以過濾。研究顯示透過集思廣益，你會做出最好的抉擇。發送大量電子郵件，要求每個人投票，如此可增加你獲得最佳決策的機率。

以下是重點：從獨立且多樣化的群體中所得到的平均答案，往往比一個聰明人或一小群聰明人想出來的答案更正確。在我們這個關注個人成就，時而崇拜有魅力的個人（例如賈伯斯或伊隆．馬斯克）的文化中，這項建議看似有反效果，但有多年來出自各種行業的證據證明可行。

我知道獨自工作似乎更有效率，但本書的目的是鼓勵你提問更多有關效率的問題。你目前的程序是否真的節省了時間，或者你只是未經證實便如此相信？你只希望能節省一點時間，或者想要做到最好、找到最好的解決方案，還有過著最好的人生？

我們必須問這些問題，如此方能弄清楚我們的目標，而不是盲目地投入於改善生活的承諾，卻不說明要改善什麼或達成什麼最終結果的策略和工具。讓我們誠實以對：我不確定大多數的人曾經停下來思考，我們更大的目標是什麼。因為我們沒有時間這麼做。

一項善舉

這世界可能是個殘酷的地方。當科學一再證明人類多半是善良的，或許會令你吃驚。我們絕大多數的人可以憑直覺感知善良，還有如果讓你選擇善待別人或虐待別人，我們通常會選擇前者，因為善良是人性和天性。

事實證明，我們最可能不善良的時候，是當過度思考和醉心於自己的想法時。自私自利是當下的全球現象，刻意破除這個模式和重建習慣性的善良，對大家都有好處。

所以，如果你真的想要擺脫對效率的執迷，請你隨機行善。我之所以這麼告訴你，不是因為我認為此舉合乎道德或者是在做好事（即便是如此）。我之所以要你這麼做，是因為多年的研究證明，對別人行善，就算只是小事一樁，對你也有莫大的好處。如同心理治療師暨耶穌會教士安東尼．德梅羅（Anthony de Mello）寫道：「慈善其實是以利他主義作掩飾的自利行為。」[5]

從生物學觀點而言，人類被鼓勵要善待彼此，而且當我們這麼做的時候，會得到生理方面的獎勵。一個無私的舉動會觸發腦內啡的釋放，這種神經傳送物有助於阻斷疼痛和產生欣快感。利他的行為和激烈的運動一樣能讓人興高采烈，這種效果有時稱作「助人者的快感」。

或許還有另一個身體方面的好處，因為自願定期幫助別人的人，往往活得更長壽和更健康。然而有許多變數可能影響到這項發現，因此我們無法知道這種關聯的切確本質。也許因為自願助人者本身也比較正向積極，或者比較不會從事有風險的行為，例如抽菸。儘管如此，利他行為與身體健康之間，顯然存在著某種我們尚未瞭解的關聯。

另一項重大的好處，尤其對於有緊迫感且忙碌的人來說，是當你專注於別人的需求時，有助於使你忽略自己生活中出錯的地方。只要你替別人做的事情不是太困難或太花時間而使你吃不消，隨機的善行在充滿壓力的時候，能帶給你療癒的效果。

好心與快樂之間的關聯並非新鮮事，千百年來一直是文學和道德故事的主題。我們許多人每年都看著它，透過某種版本的狄更斯的史古基故事一再上演。一九八〇年代的一項研究證明，捐贈已故親人器官的家庭，感覺更好過和比較不沮喪。[6] 即使是長期疼痛或罹患癌症的人，在幫助別人之後也發現他們感覺好多了。

在《國際行為醫學期刊》（*International Journal of Behavioral Medicine*）的某篇文章中，作者史蒂芬．波斯特（Stephen G. Post）檢視關於好心的科學例證，並指出它與演化的關聯。「人類學家發現，早期的平等主義社會（例如布希曼人）實施制度化或『生態的利他主義』，」波斯特寫道，「當中幫助別人並非自願的行為，而是一種社會規範。或許身處於當代科技文化中的我們，在各方面被孤立，已經遠離我們的利他傾向過於遙遠。」[7]這可能是我們日益孤立的生活中，另一個負面的副作用。

好心確實有益於別人和社會，不過我留待其他人替慷慨善行做出道德面的解釋。在此我專注於利他行為帶給發起者的好處，而非接受者。我認為每天做一件小小的無私舉動，能大幅減輕你的壓力和增進你的健康。

當你在擬定待辦事項清單時，只需加入一件善行，不論多麼小，你最終能看見它對你的壓力釋放和增進健康所造成的重大影響。順便一提，接受你的善行的那個人，也更可能對別人行善。

想像一下：你在免下車餐廳取餐，而你決定替排在你後面的人結帳。這意味著他們更有可能替排在他們後面的人結帳。這也表示你們都在幫助彼此，破除一個著重個人需求的文化，而最終恢復你們天生的（和良善的）人性，讓你的錢發揮了天大的用處。

收回生活六

眼光放長遠

射有似乎君子，失諸正鵠，反求諸其身。

——孔子

去年的某天，我開車帶著兒子去看電影，我們前面有一輛被拖吊的小車。車子的後保險槓上有張貼紙，寫著出自托爾金（J.R.R. Tolkien）的《魔戒》（*Lord of the Rings* books）系列的引文：「並非所有漫遊的人都迷了路。」我兒子讀著它，想了想，然後說：「你可以看出來，那是很久以前寫的，因為現在的人不再迷路了，我們有GPS。」

我當時以為他在開玩笑，但回頭一看，原來他只是說出字面上的事實：我們不管去哪裡，很少不找尋最快、最有效率的方法到達目的地。我們變得比以前更容易確知目標，並且快速到達。在許多方面，我們已經變成目標導向的文化。漫遊或甚至迷路，已是過時的活動。

我並不渴望從前必須盯著地圖，找尋朋

友住的路邊小街道，然後設法到達那裡的日子，但我納悶我們是否像對智慧型手機上癮一樣，也對設定目標的過程上了癮。或許我們應該重新考慮如何選擇我們的目標，以及如何達成目標的方式。

專注於目的而非手段

事實上，生產力是可行的系統的副產品，本身並非目的。問題不在於你是否有生產力，而是你生產什麼。

我想對於提升生產力和效率的渴望是好的。我們從未完成改善的過程，是好的一面。《獨立宣言》的內容並不保障我們的幸福，而是保障我們「追求幸福」的權利。我們從不停止改善生活，以追求更多空暇、金錢和滿足。

然而在某些情況下，我們沒有慎選方法。做決定時沒有考慮到，這個決定最終可能帶我們到何處。我們拒絕了甜點和長假，因為相信這些小小的決定能讓我們更加靠近一個飄渺的目標。如果今晚我花三十分鐘回覆電子郵件，能代表明天會更容易，不是嗎？（我想你知道答案的。）

在晚上回覆電子郵件是達成某個目標的手段。那是你可以選擇從事的活動，但不是真正的目標。就我所知，沒有人的人生目標是在二十分鐘內回覆每封電子郵件。所以當你在晚上九點鐘拿起你的手機，或平板電腦並查看信箱之前，問問自己你真正的意圖是什麼。如果你選擇不在晚上和週末工作，會發生什麼事嗎？

事實上放棄甜點是一種手段性的目標，如同你每天鋪床、在早上五點起床，或者在睡覺前回覆電子郵件。所有這些活動都是為了**達成某個目的的手段**。它們是作為邁向一個更重要的目標的踏腳石，例如達成人生的滿足感，或者讓世界進步。

手段性目標是朝向更宏大目標的特定目標，例如某種收入或職銜。它們是用來達到更讓人滿足的目的的工具。

或許你認為更高的薪水會幫助你得到穩定感，而穩定感會帶來快樂。或許你認為升遷會讓你在辦公室裡握有更大的權力，使你創造出更好的產品和感覺對社會有所貢獻。在這些例子裡，你的最終目標是幸福快樂和對世界有用處，而非擁有更多的金錢和權力。

重要的是確保你的選擇，能真正幫助你達成你想要的進展。你的升遷是否帶來你所需要的權力？在你投入大量時間追求那個新職位之前，先要確認這是值得的。許多人執迷於手段性目標，因而完全無視於更重要、應該激發我們一切努力的最終目標：過著美好的生活。為何要為了無法幫助你的事物，而犧牲你的身心健康，還有事實上它反而使你遠離你的最終目標？

最終目標是沒有商量餘地的。我們不會在最終目標上妥協，因為我們只願意接受幸福的家庭或受敬重的人生。手段性目標是有彈性的，如果你的家人在德州過得不快樂，你大可以住到加州。家的所在位置只是達成某個目的的手段。

假設你的最終目標是體驗大自然之美，從而豐富你的人生。所以你今年有一個造訪大峽谷的手段性目標，還有一個可以贏得免費大峽谷之旅的比賽。假設你參加了二十次，但最終還是輸掉比賽，這並不要緊，因為你還是可以去亞利桑那州。如果你去不了，你仍然可以造訪某個美麗且豐富心靈的地方。贏得那項比賽是一個手段性目標，但人們往往混淆了手段和目的，而過度迷戀手段。他們輸掉了比賽，於是心想，**好吧，我想我不該去大峽谷**。

最終目標往往提供一個方向，例如朝西，而不是一個特定的目的地。途中你可能需要往南走，去找到加油站和食物，但接下來你會回到往南的路徑。如果你想要減重，你的目標體重是一個手段性目標。在體重計上達到某個數字，不是你的終極目標，或者不應該是你的終極目標。

如果你真的想要變得更健康或者讓身體更有能力，你的真正目標甚至可能不是讓自己看起來好看些。如果手段性目標是訓練到你能跑馬拉松為止，那麼你的最終目標或許是活得更長壽和更強壯。

為了讓我們大家更有效率地達成目標，有些專家提供了設定目標的系統。例如SMART原則，該原則告訴我們好的目標應該具體（specific）、可衡量（measurable）、可以達成（actionable）、實際可行（realistic）和有明確的時限（time-bound）。

該原則雖有用，但有其極限，因為目標設定是多層次的活動。舉例來說，在撰寫本書時，我設定了一個每天寫作不少於七百五十個字的目標。那是我藉以達成寫完書稿的目標的手段。而我藉由完成這個目標，向人們傳達我認為有用的訊息。**那個目標**是希望藉以達成我的最終目的之一的手段：讓世界變得更美好。

或許你注意「讓世界變得更美好」是不具體、不可衡量或者沒有明確時限的目標。因為這是最終目標，因此不適於SMART原則。許多最終目標都不適用，但手段性目標卻適用。《聰明人的個人發展》（*Personal Development for Smart People*）的作者史蒂夫‧帕弗利納（Steve Pavlina）說：「最終目標是讓人向前邁進的理想，它們必須超越諸如S.M.A.R.T系統的限制的理由之一是，它們必須足夠宏大，好讓你能用一生來追求。」[1]如我所言，最終目標往往是方向而非目的地。它們通常不是你可以含括在清單或子彈筆記（bullet journal）中的項目。

專注於目的而非手段是有好處的，因為這促使我們找尋有創意的問題解決方案（如果這個辦法行不通，再換另一個）。這麼做也可以減輕壓力，因為它使你欣然接受失敗，並且容許變通。

如果你未能達成某個手段性目標，通常還有其他許多方法可以達成你的過渡性目標。失敗本身便是透過排除的過程，來幫你達成更大目標的有效方法。愛迪生有句名言說他從未失敗，只不過「找到一萬種行不通的辦法」。因此你的挑戰是弄清楚你的最終目標，知道它們可能隨著時間而改變。你為何要上大學？為了得到學位，但是你為何想要學位？為了找到一份好工作，那你為何需要好工作？你可以利用類似豐田佐吉*的「五個為什麼」，不斷問你自己為什麼，直到你終於達成你最重要的目標。

如果你弄不清楚最終目標，很容易浪費時間做你以為有益和具有生產力，但其實無助你的進展的事。近來許多建議告訴我們，要瞄準衡量標準顯得武斷的目標，例如十萬名追蹤者或每天在健身房花一個小時健身。我們遵照著清單和要我們多喝水的通知過日子。

幾十年來我們一直被告知，要專注在具體可達成的目標上。我不是叫你丟開這些目標，而是要確認這些目標能引領你成就更好、更遠大的事。如此方能節省你的時間和金錢，以免做出感覺有生產力，但長期而言徒勞無功的事。

---

* 譯註：日本發明家、實業家，豐田集團（TOYOTA）的創始者。

事實上，我們有時太快設定手段性目標。讀了某篇關於如何變得更有生產力的文章，裡面說到所有成功的執行長都早起，所以我們便發誓每天早上五點鐘起床。一旦我們睡到七點鐘，便覺得自己是失敗者。或許某個同事推薦原始人飲食法，我們於是開始遵循，矇矓地以為它會使我們更健康，直到我們破戒吃了些披薩。這個膝蓋反射式的方法，可能造成我們嘗試了許多未經仔細思考或分析的不同策略。

匆忙選擇手段性目標，可能會浪費掉極大量的時間。你可以從相反的一端出發，藉以解決這個問題。先弄清楚你的最終目標，然後挑選較小的具體目標，確認它會讓你更接近更大的目標。不時地檢查，確保你的習慣真的幫助你有所進展，如果沒有，不要在這上面浪費更多時間。拋開它們，再試試別的辦法。

要明白你所做的每件事，都可能只是為了達成更大目的的手段。這些任務不是命令，只是建議。它們具有變通性，並非固定不變。它們是可妥協的，應該視之為沙地的輪廓而非岩石的輪廓。如果你無法達成某個手段性目標，沒有必要因此感到有壓力或焦慮。儘管找別的方法來達成你的最終目的。

以下列出完整的解決方案，全都是設計用來破除你無端的效率成癮和生產力成癮。

1. 提升時間知覺
2. 制定你理想的行事曆
3. 停止進行遠距離的比較
4. 減少工作時數
5. 規劃空閒時間
6. 規劃社交時間
7. 團隊合作
8. 做無私的小善行
9. 專注於目的而非手段

這份清單可能意味你得稍微改變你目前的習慣，或者需要徹底大翻修，以便遵循這些指導原則。不管怎樣，你都可以學習我的經驗，每次從一個項目開始做起。大多數的項目都是好的建議，除非它們到達使你感到壓迫和吃不消的程度。我當然不建議你將這份清單，變成另一種進一步造成壓力的生產力速增法。

這些方法都有科學根據，加上我的個人經驗與研究的背書。它們可能對你有效，但如果無效，或者你無法實行其中某一項，那也沒關係。其目的是簡化你的生活和增加幸福，而不是創造另一種焦慮源。

在某種意義上，當中的每一項建議確實都涉及時間管理，但不是為了追求更高的效率。最重要的訊息是：停止用時間換取金錢。這種替時間標價的舉動，已經使我們甚至不願浪費一分鐘時間。而且當你越有錢，你的時間就越昂貴，越覺得自己沒有空餘的時間。現在我們對於時間的感知已經被可怕地扭曲。

當你無意識地相信沒有生產力是浪費時間，空閒的時間就變成有壓力的事。然而，如果快樂是你的最終目標之一，那麼追求更高的收入不必然能讓你達成目的。這時你得考慮其他選項。

是時候了，我們應該停止將下班時間視為潛在的賺錢時間，這麼做不值得。你不能用金錢價值來衡量你的空閒時間，因為會付出身心健康作為代價。

別讓企業價值觀決定了你如何度日和你的優先順序。你是具備龐大大腦的社會性動物，目前受制於不切實際的要求和期待。你的視野已經太長時間集中在工作和市場性上，但是身為人類的內在價值，比起身為勞動者的賺錢能力，更關乎你在社群中的位置。

別再試著要向別人證明什麼，只管收回你的時間和收回你的人性。

結論

我們改變環境的速度，更甚於我們知道如何改變自己。

——沃爾特·李普曼（Walter Lippmann）*

我清楚記得我媽得到她的第一台微波爐那天。身為寡母，她靠自己拉拔四名子女，我可以議論她的許多教養方式，但絕不否認她工作過度。在某年她的生日那天，大姊提議我們集資買台微波爐送給她。

想必那是一九七〇年代的事，因為我當時八歲，大概沒出多少錢，我是家中老么。我姊買了微波爐，將它包裝好，還記得當我媽打開包裝時，大家都很興奮。

那台微波爐真神奇！只要幾分鐘時間就能用微波加熱一罐湯，不像火爐需要十至十五分鐘時間。使用微波爐時，需要的盤子也比較少，因為你可以將直接湯倒進你盛來吃的碗裡，不需要用到鍋子。即使在我當時的年紀，知道這種裝置替我媽節省了許多時間，也知道我媽總有做不完的待辦事項。

不過回想起來，我媽處理日常瑣事所花費的時間，比起外婆少上許多。我外婆在院子裡的一條繩子上晾曬衣服，用一只平底深鍋煮咖啡然後用篩子過濾。她使用牙粉而非裝在管子裡的牙膏，還有在長襪被勾破時動手縫補。我的曾外祖母沒有電冰箱，她向賣冰的人買冰。

在非常短的時間裡，我們的生活變得難以估量的輕鬆且不費時間。我們往往將這些便利視為理所當然，直到某項設備故障，才突然發覺我們多麼倚賴洗衣機或中央空調。

我不懷疑人類將持續改善生活，因為讓事情變得更好是我們的天性。如果讓一群人獨留在某個特定地點很長一段時間，他們將不可避免地著手改善生活條件或者自己的生活品質。

試想一下，比起不過一百多年前，我們現在的標準有多麼高。在廣為引用的專長研究中，美國和比利時的研究人員注意到如今在許多領域中，比以前更難達到「專家」的

* 譯註：美國作家、記者和政治評論者。

等級。「在一八九六年的奧林匹克運動會，最快的馬拉松完賽時間，」他們寫道，「比起現代大多數馬拉比賽的關門時間，例如（一九九〇年）波士頓馬拉松，僅僅快了一分鐘。」[1]

即使在比運動競賽更難測量的專門知識領域，現代的專家也勝過他們的前輩。同一份研究報告也提到：「當年柴可夫斯基要求當代最優秀的兩名小提琴家演奏他的小提琴協奏曲，結果被拒絕了，因為他們認為他的樂譜無法演奏。而如今的菁英小提琴家則視這首協奏曲為標準曲目之一。」科學家聲稱，即使是當時人們稱為「魔鬼小提琴家」、「大師中的大師」，琴藝傑出的傳奇小提琴家帕格尼尼（Paganini），「如果登上現在的音樂會舞台也難免會出醜」。

這一切都在說明，努力追求進步和達成更高績效，不是一個不好的衝勁。人類是早熟的動物，我們總是設法想超越父母和祖父母的成就，這股動力對我們很有用。

然而，我們已經在許多方面停滯不前，甚至在嬰兒死亡率、收入平等和環境安全方面的成績倒退了。我們努力將進步制度化，將它變成可測量，現在卻妨礙我們進步的能力。事實證明，人類的創新和發明不能被衡量、分析和強迫。

我們用類似於設法製造創意的方式強迫創新。過去幾十年來，當工業化國家從主要仰賴製造業的經濟，過渡到大多仰賴知識工作者的經濟時，出現了一種強調創造力的新現象。經濟合作暨發展組織力勸教育工作者「培養學生的創造力和重要的思考技巧」。[2]

然而要制定專門用來增進創意的課程是困難的，即便並非不可能，而追蹤創造力也同樣棘手。你如何知道某個孩子接受了一年的學校課程，是否變得更有創造力？創造力要如何量測？作家艾菲拉・利夫尼（Ephrat Livni）表示，領導者似乎不太感興趣於讓創造力「獨立發展，而是將之量化，分析與測試、教授和量測」[3]。

創造力是一切創新與進步的核心，因此是一項關鍵技術。然而藉由長時間的工作，或大量的咖啡因，或特別設計的電腦設備，無法增加創造力。創造力無法被制度化，大多數時候，新方法被發展出來是為了解決問題，不是因為某人撥出時間「發揮創意」。關鍵是營造出讓大腦最容易展現其創造力的環境。

現在許多人一心一意追求快樂，或許是因為有這麼多人不快樂。事實證明經濟的成長無關乎人類的幸福或增進健康。過去二十年來，俄羅斯的經濟有驚人的成長，但俄國人的壽命比蘇聯統治時期還短。自一九八〇年代以降，俄國人的預期壽命減少達四〇%。約翰・卡喬波（John Cacioppo）和威廉・派翠克（William Patrick）在《孤獨》（*Loneliness*）一書中寫道：「上漲的潮水確實能抬升各種船隻，然而在社交孤立的文化中，加上社會經濟動盪造成的分裂，以及巨大的不平等所形成的隔閡，這股潮水可能也會造成數以百萬計的人溺斃。」[4]

數以百萬計的人正在溺水。

讓我開門見山說分明：工作過度無法解決這個問題。我們談過了可以幫助個人的改變，現在來談談能夠幫助世界的解決之道。

讓我們先終結「白手起家」的神話。沒有人，無論男女，能僅憑自己的聰明才智和努力工作而獲致驚人的成功，即便是小說情節。每個人都是得到幫助，再加上一點運氣。從赤貧變巨富的童話故事或許能說服你，只要你稍加努力和多點企圖心，你就可能一飛沖天。犧牲你的週末，每天早上五點鐘起床，你會擁有豪宅和坐領高薪的重要職位。在此之後，幸福或快樂，無人知曉。

許多現在是執行長和百萬富翁的人，他們曾經努力工作過，這是毫無疑問的，但也有數以百萬計努力工作的人，現在過著貧窮線以下的生活。努力工作是值得讚揚的事，但統計數字顯示，它不是改變你人生的神奇藥水。

歷史學家注意到「白手起家」這個幽靈，曾經發揮重要的資本主義用途：它讓掌權者得以控制用來激勵勞工的論述。《大西洋》雜誌副總編輯史旺斯伯格說，富蘭克林和卡內基（Andrew Carnegie）神話般的故事，被用來「解釋成功與失敗的原因。倘若成功是某人性格良好所致，那麼失敗就可以證明他有性格上的弱點」[5]。因此，由於害怕被批判，迫使許多人投入越來越多的工作時數，以便被視為「應該得到獎賞」。白手起家的童話故事是令人羞愧的文化的一部分。

要記得，說過「比你應盡的本分多做一些，就不必擔心未來的事」這句話的卡內基，正是強力爭取讓他雇用的煉鋼工人，維持每天工作十二個小時的人。在二十世紀初期，很少有工作像煉鋼廠那樣消耗體力和危險。

我們毫不起疑地接受了生活中的許多事，相信事情「就是這樣」。我們早該重新評估支配著我們生活的許多原則和優先順序。白手起家的理想只是其中之一。

另一個是追求不間斷的消費經濟成長。持續成長是不可能的事。然而我們的工作、退休基金和國家財政安全必須成長，才會被認為是健全的。如同凱特・雷沃斯（Kate Raworth）在她的二〇一八年TED演講中所言：「經濟必須成長，無論它是否讓我們繁榮。而我們需要的，特別是在最富裕的國家，是無論它是否成長，都讓我們繁榮的經濟。」

從全球的角度來看，我們不只對股票市場、利潤率和國內生產總值的成長上癮。事情也不只關乎更多的薪水帶來更大的房子和車子，我們對於持續成長的崇敬，已經被吸收到我們的精神中。我們相信自己能夠，也應該持續努力讓自己進步，不停地改善自我。我們相信在這座山上沒有頂點。

或許使我們進入這個分心時代的力量——時間壓力、熱切的生產力和令人執迷的效率——過於強大和普及，讓人無法招架，但事實上要求長工時和強迫的生產力是相當晚近的事。過去兩百年的時間，以人類長期演化的觀點視之，只不過是一眨眼的功夫。我們可以選擇回歸到更可能幫助我們繁榮興盛的生活方式。

我們可以培養新習慣，使之更符合天生的歸屬需求、對同伴關係的渴望，以及透過集中心思，想像不可思議的事物的能力。想要產生出這個新典範，需要大幅改變我們個人的優先順序，以及最終要有新的經濟優先順序和政策。

別再相信我們唯有將醒著的大部分時間投入工作，才有資格獲得穩定和舒適感。難道這是我們希望我們的孩子和後代子孫所過的生活？或者我們希望他們有更多的空間可以呼吸、放鬆、反省和享受別人的陪伴？我們為自己和心愛的人所預見的是一個什麼樣的世界？

最後是一個倫理問題。在發表於《商業倫理期刊》（*Journal of Business Ethics*）的一篇研究中，心理學家提姆．凱瑟（Tim Kasser）和肯農．謝爾頓（Kennon Sheldon）出示證據，顯示比較高的薪水不會產生比較快樂的生活，並開始思考要如何處理這項訊息。畢竟大多數公司都是依據相反的原理而建立，所以用加薪和獎金來獎勵員工。他們使用減少工作時數、罰款，以及有時因為解雇而喪失所有津貼，來處罰犯規者。

「考量金錢的獎賞可能損害來自於從事活動的內在動機和樂趣，」凱瑟和謝爾頓問，「公司以加薪和獎金來獎賞員工，這麼做合乎道德嗎？」[6] 依據薪水來評定一個人的價值，這麼做合乎道德嗎？最高薪的員工是否一定是最聰明、最有創意、最有生產力的員工？

我認為答案明顯是否定的。人類是社會性動物，在與彼此接觸時有最好的表現，合作是我們的超能力。或許我們可以創造出一個人際關係優先於生產力的文化。人類具備追求快樂的極高能力，我樂見我們使快樂變成一種目標。

我為了改善自己的生活而展開這項計畫，而且已經達成我的目的。我的日常生活發生了巨大的改變，連我的醫生都說我的皮質醇濃度已經下降。現在我沒有一年前那麼焦慮，但生產力並沒有因此減少。在個人的層次上，這項研究是有用的，而且實驗是成功的。

但最終這不全然是我的問題。畢竟我沒有選擇要讓自己的行事曆超載，是工作過度的文化使我相信，即便只是短暫停止工作，也是個懶蟲。因此解決之道不是來自我的選擇，而是改變造就出這種典範的集體選擇。

早期人類歷史中，有一個希望大家能重新獲得的部分：頌揚我們最具人性的層面。人類之所以獨特和強大，是因為我們擁有反省的思維能力和社會關係。笛卡爾說：「我思，故我在。」他並沒有說：「我工作，故我在。」兩百多年前，這些規則還沒被寫出來，現在是我們改寫規則的時候了。

誌謝

在我所從事的行業裡，數百人合力完成的工作，只會有一兩個人因此得到讚賞。在廣播和歌劇如此，出版業也是。我非常感謝我的經紀人Heather Jackson，在二〇一六年的某天，我意外接到她的電話，她說：「你覺得你能不能寫本書？」她的支持和情誼將我提升到我不曾夢想過的高度。感謝我那優秀的編輯Michele Eniclerico，她從一開始就明白這本書在寫什麼，並努力使之臻於完善。感謝Harmony Books和Penguin Random House的整個團隊。

感謝這麼多傑出的人士，他們騰出時間回答我的問題，以及奉獻他們的職涯，致力於瞭解世界和幫助別人也瞭解這個世界：席爾維婭・貝萊札、茱莉安娜・施羅德、尼爾森・利希滕施泰因（在我搭火車收訊很差的情況下，還與我保持連線）、Rachel、賈瑞德・葉茲・沙克斯頓、葛雷米・麥斯頓、羅伊・鮑邁斯特、尼古拉斯・埃普利和Adam Grant。非常感謝我的朋友吉莉安・桑德史卓姆，她讓我和她一起待在科赤斯特（Colchester）好幾天，觀察她所進行的研究計畫。

感謝Pete，他雖然沒有讀我的書，但總是願意和我詳細討論艱深的問題；感謝Carol，她瞭解我寫書的過程，並陪伴我度過；感謝Beth，她在芝加哥和我碰面，那時我正在搭火車環遊全國；感謝Doug，將近二十年來他一直是我生命中的磐石。

我碰巧擁有全世界最好的團隊，在我搞砸了事情時，他們也不抱怨，還在週末寄送工作上的電子郵件：Triple 7的Ashley和Kayce、Alexis，還有獨一無二的Cynthia Sjoberg，她是任何人所能找到最好的伙伴和朋友。每個人的生命中都應該要有一位Cynthia。感謝你，我最好的朋友Theresa，我十分感激你帶給我的友誼和支持。還有，最重要的，要感謝我的兒子。他知道為什麼，因為我不停地告訴他，讓他覺得煩。

International Journal of Behavioral Medicine, 2005.

收回生活六　眼光放長遠

1 Steve Pavlina, "End Goals vs. Means Goals," StevePavlina.com, August 23, 2005.

結論

1 Ericsson, Krampe, and Tesch-RÖmer, "The Role of Deliberate Practice in the Acquisition of Expert Performance."
2 Stéphan Vincent-Lancrin, "Teaching, Assessing, and Learning Creative and Critical Thinking Skills in Education," *Organisation for Economic Cooperation and Development*, oecd.org/education/ceri/assessingprogressionincreativeandcriticalthinkingskillsineducati on. htm.
3 Ephrat Livni, "The Cult of Creativity Is Making Us Less Creative," *Quartz*, November 7, 2018.
4 John T. Cacioppo and William Patrick, *Loneliness: Human Nature and the Need for Social Connection* (New York: Norton, 2008), 264.
5 John Swansburg, "The Self-Made Man."
6 Tim Kasser and Kennon M. Sheldon, "Time Affluence as a Path Toward Personal Happiness and Ethical Business Practice: Empirical Evidence from Four Studies," *Journal of Business Ethics*, March 18, 2008.

Now," inews.co.uk, April 18, 2017.
12 American Psychological Association, "Multitasking."
13 Erin Reid, "Why Some Men Pretend to Work 80-Hour Weeks," *Harvard Business Review*, April 28, 2015.
14 Nelson Lichtenstein, interview with the author, June 28, 2018.

收回生活四　投入於空閒時間

1 Amanda Conlin and Larissa Barber, "Why and How You Should Take Breaks at Work," *Psychology Today*, April 3, 2017.
2 Sabine Sonnentag, "Psychological Detachment from Work During Leisure Time: The Benefits of Mentally Disengaging from Work," *Current Directions in Psychological Science*, March 2012.
3 David Cheng and Lu Wang, "Examining the Energizing Effects of Humor: The Influence of Humor on Persistence Behavior," *Journal of Business and Psychology*, December 27, 2014.
4 Derek Thompson, "A Formula for Perfect Productivity: Work for 52 Minutes, Break for 17," *Atlantic*, September 17, 2014.

收回生活五　建立真正的連結

1 Gillian Sandstrom and Elizabeth W. Dunn, "Is Efficiency Overrated?: Minimal Social Interactions Lead to Belonging and Positive Affect," *Social Psychological and Personality Science*, September 12, 2013.
2 Nicholas Epley, *Mindwise* (New York: Knopf, 2014), 70.
3 Rudyard Kipling, "The Law for the Wolves," in *A Victorian Anthology*, 1837–1895, ed. Edmund Clarence Stedman (Boston: Houghton Mifflin, 1895).
4 James Surowiecki, *The Wisdom of Crowds: Why the Many Are Smarter Than the Few and How Collective Wisdom Shapes Business, Economies, Societies, and Nations* (New York: Anchor Books, 2004), 220.
5 Anthony de Mello, *Awareness* (New York: Image Books, 1992).
6 Helen Levine Batten and Jeffrey M. Prottas, "Kind Strangers: The Families of Organ Donors," *Health Affairs*, Summer 1987.
7 Stephen G. Post, "Altruism, Happiness, and Health: It's Good to Be Good,"

收回生活二　讓媒體退出你的社交生活

1 Sebastian Dori, Shai Davidai, and Thomas Gilovich, "Home Alone: Why People Believe Others' Social Lives Are Richer Than Their Own," *Journal of Personality and Social Psychology*, December 2017.

2 Jared Yates Sexton, interview with the author, July 3, 2018.

3 Anne Lamott, *Bird by Bird* (New York: Anchor Books, 1995).

4 Rachel Simmons, interview with the author, July 3, 2018.

5 Steven Singer, "Middle School Suicides Double as Common Core Testing Intensifies," *HuffPost*, August 2, 2017.

6 Edward Lee interview with the author, 1A, NPR, July 2, 2018.

收回生活三　起身離開你的辦公桌

1 Ethan Watters, "We Aren' t the World," *Pacific Standard*, February 25, 2013, psmag.com.

2 Ashley V. Whillans et al., "Buying Time Promotes Happiness," *Proceedings of the National Academy of Sciences*, August 8, 2017.

3 Ford, "Why I Favor Five Days' Work with Six Days' Pay."

4 C. Northcote Parkinson, *Parkinson's Law* (London: John Murray, 1958), 4.

5 Raymond Van Zelst and William Kerr, "Some Correlates of Technical and Scientific Productivity," *Journal of Abnormal and Social Psychology*, October 1951.

6 Paul Garon, "John Henry: The Ballad and the Legend," *The New Antiquarian*, the blog of the International League of Antiquarian Booksellers, December 14, 2009.

7 Liz Alderman, "In Sweden, an Experiment Turns Shorter Workdays into Bigger Gains," *New York Times*, May 20, 2016.

8 Stephanie Vozza, "This Is How Many Minutes of Breaks You Need Each Day," *FastCompany*, October 31, 2017.

9 Desktime for Productivity Tracking," DraugiemGroup.com, December 2017.

10 K. Anders Ericsson, Ralf Th. Krampe, and Clemens Tesch-RÖmer, "The Role of Deliberate Practice in the Acquisition of Expert Performance," *Psychological Review*, July 1993.

11 Tony Crabbe, "A Brief History of Working Time—And Why It' s All About Attention

Touchscreen Are Reflected by Intrinsic Sensorimotor Dynamics," *Digital Medicine*, March 7, 2018.

8 Sylvain Charron and Etienne Koechlin, "Divided Representation of Concurrent Goals in the Human Frontal Lobes," *Science*, April 16, 2010.

9 Christian P. Janssen et al. "Integrating Knowledge of Multitasking and Interruptions Across Different Perspectives and Research Methods," *International Journal of Human-Computer Studies*, July 2015.

10 Matthew Fisher, Mariel K. Goddu, and Frank C. Keil, "Searching for Explanations: How the Internet Inflates Estimates of Internal Knowledge," *Journal of Experimental Psychology*, March 30, 2015.

11 Nellie Bowles, "A Dark Consensus About Screens and Kids Begins to Emerge in Silicon Valley," *New York Times*, October 26, 2018.

12 Nick Bilton, "Steve Jobs Was a Low-Tech Parent," *New York Times*, September 10, 2014.

13 Susan Pinker, *The Village Effect* (Toronto: Vintage Canada, 2014).

14 Juliana Schroeder, interview with the author, June 19, 2018.

15 Ella Alexander, "More People Want to Quit Social Media Than Smoking in 2017," *Harper's Bazaar*, January 4, 2017.

16 Tristan Harris, "How Technology Hijacks People's Minds—from a Magician and Google's Design Ethicist," medium.com/thrive-global/how-technology-hijacks-peoples-minds-from-amagician-and-google-s-design-ethicist-56d62ef5edf3.

17 Haley Sweetland Edwards, "You're Addicted to Your Smartphone. This Company Thinks It Can Change That," *Time*, April 13, 2018.

18 Rachel Simmons, "Why Are Young Adults the Loneliest Generation in America?" *Washington Post*, May 3, 2018.

第二部分　拋開效率崇拜——如何從生活駭客到收回生活

收回生活一　挑戰你的認知

1 Roger L. Martin, "The High Price of Efficiency," *Harvard Business Review*, January–February 2019.

5 Carey Goldberg, "Study: To Read Accurately How Someone Is Feeling, Voice May Be Best," *CommonHealth*, WBUR.org, October 10, 2017.

6 TextRequest, "How Much Time Do People Spend on Their Mobile Phones in 2017?" Hackermoon.com, May 9, 2017.

7 Greg J. Stephens, Lauren J. Silbert, and Uri Hasson, "Speaker-Listener Neural Coupling Underlies Successful Communication," *Proceedings of the National Academy of Sciences*, August 10, 2017.

8 Roy Baumeister and Mark R. Leary, "The Need to Belong: Desire for Interpersonal Attachments as a Fundamental Human Motivation," *Psychological Bulletin*, May 1995.

9 Ibid.

10 Janice K. Kiecole-Glaser et al., "Hostile Marital Interactions, Proinflammatory Cytokine Production, and Wound Healing," *Archives of General Psychiatry*, December 2005.

11 Atul Gawande, "Hellhole," *The New Yorker*, March 23, 2009.

12 Frans de Waal, "Does Evolution Explain Human Nature?" John Templeton Foundation, April 2010, templeton.org/evolution/Essays/deWaal.pdf.

13 Paula Nunes et al., "A Study of Empathy Decline in Students from Five Health Disciplines During Their First Year of Training," *International Journal of Medical Education*, February 1, 2011.

14 Frans de Waal, email interview with the author, May 9, 2018.

15 De Waal, "Does Evolution Explain Human Nature?"

第九章　科技是罪魁禍首？

1 Ed Yong, "Brain Treats Tools as Temporary Body Parts," *Discover*, June 22, 2009.

2 Jared Yates Sexton, interview with the author, July 3, 2018.

3 Schor, *The Overworked American.*

4 Nathalie Cohen-Sheffer, "Text Message Response Times and What They Really Mean," *Rakuten Viber* (blog), November 6, 2017.

5 "Blue Light Has a Dark Side," *Harvard Health Letter,* August 13, 2018.

6 Jessica C. Levenson et al., "The Association Between Social Media Use and Sleep Disturbance Among Young Adults," *Preventive Medicine*, April 2016.

7 Myriam Balerna and Arko Ghosh, "The Details of Past Actions on a Smartphone

7 Lorenzo Pecchi and Gustavo Piga, eds., *Revisiting Keynes: Economic Possibilities for Our Grandchildren* (Cambridge, MA: MIT Press, 2010).
8 Gordon Waddell and A. Kim Burton, *Is Work Good for Your Health and Well-Being?* (London: Stationery Office, 2006).
9 Shankar Vedantam, "When Work Becomes a Haven from Stress at Home," *Morning Edition*, NPR, July 15, 2014.
10 Carole Dufouil et al., "Older Age at Retirement Is Associated with Decreased Risk of Dementia," *European Journal of Epidemiology*, May 4, 2014.
11 Nicole Gravagna, "What Are Fundamental Human Needs?" *Quora*, November 6, 2017.
12 J. Aguilar et al., "Collective Clog Control: Optimizing Traffic Flow in Confined Biological and Robophysical Excavation," *Science*, August 17, 2018.
13 "Workers Embrace Four-Day Week at Perpetual Guardian," *NZ Herald*, March 30, 2018.
14 Fred Gratzon, *The Lazy Way to Success: How to Do Nothing and Accomplish Everything* (Fairfield, IA: Soma Press, 2003), 43.
15 Todd McElroy et al., "The Physical Sacrifice of Thinking: Investigating the Relationship Between Thinking and Physical Activity in Everyday Life," *Journal of Health Psychology*, January 20, 2015.
16 John Kounios and Mark Beeman, "The Aha! Moment: The Neural Basis of Solving Problems with Insight," *Creativity Post*, November 11, 2011.
17 Manoush Zomorodi, "What Boredom Does to You," *Nautilus*, October 23, 2018.
18 Ibid.

第八章　普遍的人性

1 "Human Nature: Justice Versus Power," a debate between Noam Chomsky and Michel Foucault, 1971, Chomsky.info./1971xxxx.
2 Jeffrey J. Arnett, "The Neglected 95%: Why American Psychology Needs to Become Less American," *American Psychologist*, October 2008.
3 James A. Green and Gwene E. Gustafson, "Individual Recognition of Human Infants on the Basis of Cries Alone," *Developmental Psychobiology*, November 1983.
4 Michael W. Kraus, "Voice-Only Communication Enhances Empathic Accuracy," *American Psychologist*, October 2017.

2 Ira Flatow, "The Myth of Multitasking," *Talk of the Nation*, NPR, May 10, 2013.
3 S. V. Kuptsova et al., "Sex-and Age-Related Characteristics of Brain Functioning During Task Switching (fMRI Study)," *Human Physiology*, August 18, 2016.
4 Patti Neighmond, "Study: Multitasking Multistressful for Working Moms," *Morning Edition*, NPR, December 2, 2011.
5 Larissa Faw, "Why Millennial Women Are Burning Out at Work by 30," *Forbes*, November 11, 2011.
6 Arlie Russell Hochschild, *The Time Bind* (New York: Henry Holt and Co., 1997), 12.
7 Carol Lloyd, "Grade Grubbing: When Parents Cross the Line," GreatSchools.org, June 21, 2018.
8 Danielle Paquette, "Men Say They Work More Than Women. Here' s the Truth," *Washington Post*, June 29, 2016.
9 Niharika Doble and M. V. Supriya, "Gender Differences in the Perception of Work-Life Balance," *Management*, Winter 2010.
10 Claire Cain Miller, "The Motherhood Penalty vs. the Fatherhood Bonus," *New York Times*, September 6, 2014.
11 Sarah Damaske, Joshua M. Smyth, and Matthew J. Zawadzki, "Has Work Replaced Home as a Haven? Re-examining Arlie Hochschild' s Time Bind Proposition with Objective Stress Data," *Social Science and Medicine*, August 2014.

第七章　我們為了工作而活？

1 Davide Cantoni, "The Economic Effects of the Protestant Reformation: Testing the Weber Hypothesis in the German Lands," *Journal of the European Economic Association*, November 24, 2014.
2 Cody C. Delistraty, "To Work Better, Work Less," *Atlantic*, August 8, 2014.
3 Rachel Simmons, "Why Are Young Adults the Loneliest Generation in America?" *Washington Post*, May 3, 2018.
4 Christopher K. Hsee, Adelle X. Yang, and Liangyan Wang, "Idleness Aversion and the Need for Justifiable Busyness," *Psychological Science*, July 2010.
5 Andrew Taggart, "Our 200-Year- Old Obsession with Productivity," *International Policy Digest*, February 6, 2018.
6 Ann Brenoff, "So Why Are Baby Boomers Still Working?" *HuffPost*, May 15, 2018.

第五章　把工作帶回家

1 Arlie Russell Hochschild, *The Time Bind* (New York: Henry Holt and Co., 1997), 50.

2 Andrew Taggart, "Life Hacks Are Part of a 200-Year-Old Movement to Destroy Your Humanity," *Quartz*, January 23, 2018.

3 Pam A. Mueller and Daniel M. Oppenheimer, "The Pen Is Mightier Than the Keyboard: Advantages of Longhand over Laptop Note Taking," *Psychological Science*, April 23, 2014.

4 Susan Dynarski, "Laptops Are Great. But Not During a Lecture or a Meeting," *New York Times*, November 22, 2017

5 Taggart, "Life Hacks Are Part."

6 Scott Cutlip, *The Unseen Power: Public Relations, a History* (Hillsdale, NJ: Lawrence Erlbaum Associates, 1994), 168.

7 Edward Bernays, *Propaganda* (Brooklyn: IG Publishing, 1928), 9–10.

8 Oliver Burkeman, "Why You Feel Busy All the Time (When You' re Actually Not)," BBC.com, September 12, 2016.

9 Tim Ferriss, "24 Hours with Tim Ferriss: A Sample Schedule," Tim.blog, March 10, 2008.

10 John Pavlus, "Confessions of a Recovering Lifehacker," Lifehacker.com, May 29, 2012.

11 Myron Medcalf and Dana O' Neil, "Playground Basketball Is Dying," *ESPN*, July 23, 2014

12 Peter Lewis, "Unions, Clubs, Churches: Joining Something Might Be the Best Act of Resistance," *Guardian*, November 22, 2016.

13 "Why Is Everyone So Busy?" *Economist*, December 20, 2014.

14 Mary Helen Immordino-Yang, Andrea McColl, Hanna Damasio, and Antonio Damasio, "Neural Correlates of Admiration and Compassion," *Proceedings of the National Academy of Sciences*, May 12, 2009.

15 Georg Simmel, *The Metropolis and Mental Life* (Brooklyn: Wiley-Blackwell, 1903).

第六章　最忙碌的性別

1 American Psychological Association, "Multitasking: Switching costs," APA.org, March 20, 2006.

23 Daniel Heinemeier Hansson, "Trickle-Down Workaholism in Startups," *SignalvNoise*, May 30, 2017.
24 Liz Alderman, "In Sweden, an Experiment Turns Shorter Workdays into Bigger Gains," *New York Times*, May 20, 2016.
25 Silvia Bellezza, interview with the author, June 15, 2018.
26 Ethan S. Bernstein, "The Transparency Paradox: A Role for Privacy in Organizational Learning and Operational Control," *Administrative Science Quarterly*, July 2012.
27 Henry Ford, "Why I Favor Five Days' Work with Six Days' Pay," *World's Work*, October 1926, interview by Samuel Crowther.
28 Sheldon Garon, "Why We Spend, Why They Save," *New York Times*, November 24, 2011.
29 Larry Light, "Why Holiday Shopping Is So Important for the U.S. Economy," CBS News, November 28, 2016.
30 Roger Simmermaker, "Why Buying American Can Save the U.S. Economy," *New York Times*, September 16, 2011.
31 Thorstein Veblen, *The Theory of the Leisure Class: An Economic Study of Institutions* (1899; repr., Oxford: Oxford University Press, 2007), ch. 3, "Conspicuous Leisure," p. 30.
32 Silvia Bellezza, Neeru Paharia, and Anat Keinan, "Conspicuous Consumption of Time: When Busyness and Lack of Leisure Time Become a Status Symbol," *Journal of Consumer Research*, June 2017.
33 Veblen: *The Theory of the Leisure Class*, ch. 3, "Conspicuous Consumption," p. 74.
34 Staffan B. Linder, *The Harried Leisure Class* (New York: Columbia University Press, 1970).
35 Lorenzo Pecchi and Gustavo Piga, eds., *Revisiting Keynes: Economic Possibilities for Our Grandchildren* (Cambridge, MA: MIT Press, 2010).
36 Becker, "A Theory of the Allocation of Time," 493–517.
37 Graeme Maxton, interview with the author, July 11, 2018.
38 Michael Roddy, "A Round of Golf Takes Too Long to Play, Survey Finds," *Reuters*, April 27, 2015.
39 J. R. Benjamin, "Is There a Universal Human Nature?" *The Bully Pulpit* (blog), February 22, 2013.

2 "Why Is Everyone So Busy?" *Economist*, December 20, 2014.
3 Magali Rheault, "3 in 10 Working Adults Are Strapped for Time in the U.S.," *Business Insider*, July 20, 2011.
4 "Hours Worked," Data.OECD.org.
5 Eurofound, "Work-Related Stress," *European Foundation for the Improvement of Living and Working Conditions*, November 21, 2010.
6 Laura Vanderkam, *Off the Clock: Feel Less Busy While Getting More Done* (New York: Portfolio, 2018).
7 Daniel S. Hamermesh and Jungmin Lee, "Stressed Out on Four Continents: Time Crunch or Yuppie Kvetch?" *Review of Economics and Statistics*, May 2007.
8 "Study: U.S. Workers Burned Out," ABC News, May 16, 2001.
9 "Workplace Stress Is on the Rise," Paychex, March 1, 2017
10 Bronwyn Fryer, "Are You Working Too Hard?" *Harvard Business Review*, November 2005.
11 Roland Paulsen, "The Art of Not Working at Work," *Atlantic*, November 3, 2014.
12 Josh Fear, "Polluted Time: Blurring the Boundaries Between Work and Life," Australia Institute, November 19, 2011.
13 Stephanie Pappas, "Dickensian Diagnosis: Tiny Tim's Symptoms Decoded," *LiveScience*, March 5, 2012.
14 Christopher Ketcham, "The Fallacy of Endless Economic Growth," *Pacific Standard*, May 16, 2017.
15 Graeme Maxton, interview with the author, July 11, 2018.
16 Schor, *The Overworked American*, p. 5.
17 Ibid., p. 2
18 Max Nisen, "18 People Whose Incredible Work Ethic Paid Off," *Business Insider*, October 11, 2013.
19 Dan Lyons, "In Silicon Valley, Working 9 to 5 Is for Losers," *New York Times*, August 31, 2017.
20 Gary Vaynerchuk, "The Straightest Road to Success," GaryVaynerchuk.com, 2015.
21 Jared Yates Sexton, interview with the author, July 3, 2018.
22 Dorie Clark, "The Truth Behind the 4-Hour Workweek Fantasy," *Harvard Business Review*, October 4, 2012.

Education, March 7, 2017.

4 Michael W. Kraus and Jacinth J. X. Tan, "Americans Overestimate Social Class Mobility," *Journal of Experimental Social Psychology*, May 2015.

5 Martin V. Day and Susan T. Fiske, "Movin' On Up? How Perceptions of Social Mobility Affect Our Willingness to Defend the System," *Social Psychological and Personality Science*, November 22, 2016.

6 Pew Charitable Trusts, "Economic Mobility and the American Dream—Where Do We Stand in the Wake of the Great Recession?" May 2011.

7 John Swansburg, "The Self-Made Man: The Story of America' s Most Pliable, Pernicious, Irrepressible Myth," *Slate*, September 29, 2014.

8 Weber, *The Protestant Ethic and the Spirit of Capitalism*, 181.

9 Ibid.

10 Henry Ford, *My Life and Work* (Garden City, NY: Doubleday, Page, Garden, 1923), 74.

11 Allen Downey, "The U.S. Is Retreating from Religion," *Scientific American*, October 20, 2017.

12 Rebecca Konyndyk DeYoung, *Glittering Vices: A New Look at the Seven Deadly Sins and Their Remedies* (Grand Rapids, MI: Brazos Press, 2009).

13 John Maynard Keynes, *Economic Possibilities for Our Grandchildren* (1930; repr., London: Palgrave Macmillan, 2010).

14 Karl Widerquist, "John Maynard Keynes: Economic Possibilities for our Grandchildren," *Dissent*, Winter 2006.

15 Schor, *The Overworked American.*

16 Prof. Huxley Predicts 2-Day Working Week," *New York Times*, November 17, 1930.

17 Nelson Lichtenstein, interview with the author, June 28, 2018.

18 Jared Yates Sexton, interview with the author, July 3, 2018.

19 Gary S. Becker, "A Theory of the Allocation of Time," *Economic Journal* 75, no. 299 (September 1965): 493–517.

第四章　時間變成金錢

1 Sanford E. DeVoe and Julian House, "Time, Money, and Happiness: How Does Putting a Price on Time Affect Our Ability to Smell the Roses?" *Journal of Experimental Social Psychology*, July 14, 2011.

第二章　從蒸汽機開始

1 Allison George, "The World' s Oldest Paycheck Was Cashed in Beer," *New Scientist*, June 22, 2016.

2 James E. Thorold Rogers, *Six Centuries of Work and Wages: The History of English Labour* (London: M. P. Swan Sonnenschein, 1884).

3 Ibid., p. 69.

4 Henry Stanley Bennett, *Life on the English Manor: A Study of Peasant Conditions, 1150–1400* (Cambridge: Cambridge University Press, 1937).

5 Juliet B. Schor, *The Overworked American: The Unexpected Decline of Leisure* (New York: Basic Books, 1992).

6 Tony Crabbe, "A Brief History of Working Time—And Why It' s All About Attention Now," inews.co.uk, April 18, 2017.

7 Nelson Lichtenstein, interview with the author, June 28, 2018.

8 *Online Etymology Dictionary*, s.v. "efficiency," accessed July 30, 2018.

9 John Forster, *The Life of Charles Dickens* (London: Virtue & Co, 1876), 10.

10 Rick Bookstaber, "Class Warfare and Revolution (Circa 1850)," Rick.Bookstaber.com, November 8, 2011.

11 Thorold Rogers, *Six Centuries of Work and Wages.*

12 Stephen Bauer, "The Road to the Eight-Hour Day," *Monthly Labor Review*, August 1919.

13 "An alarming number of workers" : Stanley Aronowitz and William DiFazio, *The Jobless Future* (Minneapolis: University of Minnesota Press, 2010), 336.

第三章　工作倫理

1 Benjamin Franklin, "Advice to a Young Tradesman," in George Fisher, *The American Instructor: Or Young Man's Best Companion*, 9th ed. (Philadelphia, 1748), quoted in Max Weber, *The Protestant Ethic and the Spirit of Capitalism*, trans. Talcott Parsons (New York: Charles Scribner' s Sons, 1958), "The Spirit of Capitalism," ch. 11, p. 48.

2 Frederick Douglass, "Self-Made Men," a lecture from 1872, available at monadnock.net/douglass/self-made-men.html.

3 Quoted in Anne Curzan, "Just Try That with Your Bootstraps," *Chronicle of Higher*

參考資料

引言

1 Alex Lickerman, "How to Reset Your Happiness Set Point," *Psychology Today*, April 21, 2013.

2 Henry George, *Progress and Poverty* (New York: D. Appleton & Co, 1879), 98.

3 U.S. Travel Association, "State of American Vacation 2018," May 8, 2018.

4 Lucia Ciciolla, Alexandria S. Curlee, Jason Karageorge, and Suniya S. Luthar, "When Mothers and Fathers Are Seen as Disproportionately Valuing Achievements: Implications for Adjustment Among Upper Middle Class Youth," *Journal of Youth and Adolescence* 46, no. 5 (May 2017): 1057–75.

5 Jean M. Twenge, Thomas E. Joiner, Mary E. Duffy, A. Bell Cooper, and Sarah G. Binau, "Age, Period, and Cohort Trends in Mood Disorder Indicators and Suicide-Related Outcomes in a Nationally Representative Dataset, 2005–2017," *Journal of Abnormal Psychology*, March 14, 2019.

6 Dan Pallotta, "Worry Isn' t Work," *Harvard Business Review*, August 20, 2010.

7 "Average annual hours actually worked per worker," Stats.OECD.org.

8 Linton Weeks, "Lazy in America: An Incomplete Social History," NPR.org, July 1, 2011.

第一部　崇拜效率

第一章　留意空白

1 "The Slow Food Manifesto," SlowFoodUSA.org.

2 Carl Honoré, "In Praise of Slowness," Ted.com, July 2005.

失控的努力文化：
為什麼我們的社會讓人無法好好休息
Do Nothing: How to Break Away from Overworking, Overdoing, and Underliving

作者	瑟列斯特・赫莉 Celeste Headlee
譯者	林金源
副社長	陳瀅如
總編輯	戴偉傑
主編	李佩璇
特約編輯	洪郁萱
行銷企畫	陳雅雯、尹子麟、余一霞
封面設計	兒日設計
排版	宸遠彩藝有限公司
出版	木馬文化事業股份有限公司
發行	遠足文化事業股份有限公司（讀書共和國出版集團）
地址	231 新北市新店區民權路 108-3 號 8 樓
電話	（02）2218-1417
傳真	（02）2218-0727
Email	service@bookrep.com.tw
郵撥帳號	19588272 木馬文化事業股份有限公司
客服專線	0800-221-029
法律顧問	華洋法律事務所 蘇文生律師
印刷	中原造像股份有限公司
初版一刷	2021 年 11 月
初版四刷	2024 年 1 月
定價	360 元
ISBN	9786263140592（紙本） 9786263140738（EPUB） 9786263140721（PDF）

國家圖書館出版品預行編目

失控的努力文化：為什麼我們的社會讓人無法好好休息 / 瑟列斯特・赫莉 (Celeste Headlee) 著 ; 林金源譯 . -- 初版 . -- 新北市 : 木馬文化事業股份有限公司出版 : 遠足文化事業股份有限公司發行 , 2021.11
288 面 ; 14.8x21 公分
譯自 : Do nothing : how to break away from overworking, overdoing, and underliving
ISBN 978-626-314-059-2（平裝）

1. 工作心理學　2. 快樂　3. 生活指導

176.51　　110016610